完全版 宗教なき時代を生きるために

オウム事件と「生きる意味」

森岡正博

法藏館

完全版　宗教なき時代を生きるために——オウム事件と「生きる意味」・目次

第二章　神秘体験とは何か

第三章 癒しと救済の罠

完全版　宗教なき時代を生きるために

――オウム事件と「生きる意味」

完全版へのまえがき

本書は、オウム真理教による地下鉄サリン事件のちょうど一年後の一九九六年三月に刊行された。オウム真理教事件について書かれた最初期の本のひとつである。他の書物がオウム真理教事件とは何であったかを盛んに語ったのに対し、本書では、オウム真理教が力を持つような時代に、科学にも満足できず、宗教の道にも進めない私はどう生きていけばいいのかをひたすら考えた。オウム真理教事件の核心は、科学時代における「生きる意味」の問題だ、というのが私の直観だった。これが本書を貫くテーマであり、類書には見られないオリジナリティである。

オウム真理教は一九八四年にヨーガ教室として発足し、その後、信者を増やして大きな宗教団体へと成長した。しかしその教義はしだいに変質し、ついには人々のいのちを奪うことで彼らによりよい来世を与えようとするものになっていった。一九九四年六月二七日に化学兵器サリンを用いて松本市でテロを行ない、八人が死亡、約六〇〇人が負傷した。翌一九九五年三月二〇日に東京の地下鉄でサリンによるテロを行ない、一三人が死亡、約六〇〇〇人が負傷した。民間人が製造した化学兵器によって無差別テロが行なわれるという、世界でも類例のない事件となった。

オウム真理教の教祖であった麻原彰晃（本名・松本智津夫）と、サリン事件を実行した幹部信者たちが逮捕され、長期の裁判を経て、二〇一八年七月に麻原を含む一三人の死刑が執行された。

事件の概要だけを聞くと、狂信的で理性を欠いた集団による無差別殺人だと思われるかもしれない。しかし実はそうではないところに、この事件の根深さがある。人々を驚かせたのは、オウム真理教の幹部信者たちの中に、エリート大学を卒業した理系の学歴秀才が多くいたことである。彼らは科学技術省という部署に配属され、自分たちで化学兵器サリンを製造したのである。「どうしてエリート科学者たちがカルト宗教に入信して無差別殺人をしてしまったのか?」という問いにきちんと答えられる者はいなかった。一般市民の感覚からすれば、まったく意味の分からない事件としか言いようがなかったのだ。

後の本文で詳しく書くけれども、私は彼らのことを他人事とは思えなかった。なぜなら、私もまた彼ら幹部信者と同世代であり、エリート大学の理系に進学した後に「生きる意味」の問いに直面した。そして自然科学がその問いにまったく答えを与えてくれないことに失望し、宗教の扉を叩こうとしていたからである。その過程において、私も麻原の空中浮遊写真を書店で見ていた。私は大学生のときにオウム真理教に入っていたかもしれない。そして彼ら幹部信者たちとともに犯罪に加担していたかもしれない。これが私の偽らざる気持ちである。だから、私にとってオウム真理教事件を考えることは、その時代を生きた自分自身について考えることでもあったのだ。

いま「生きる意味」と言ったが、読者は、サリンで無差別殺人をした者たちが「生きる意味」など考えていたわけがないじゃないか、と思われるかもしれない。「生きる意味」をまじめに考えようとしていた者が、人殺しなどするわけがないではないかと。その点について興味深い資料があるので見ておきたい。それはオウム真理教幹部信者であった広瀬健一死刑囚が二〇〇八年に獄中で執筆した「学生の皆さまへ」と題する自筆原稿である。これはフォトジャーナリスト藤田庄市氏が、大学でのカルト予防講演のために広瀬に執筆依頼したものだ。

広瀬健一はサリン散布の実行犯であり、オウム真理教の科学技術省に所属していた。広瀬は早稲田大学理工学部を主席で卒業し、大学院修士課程では指導教授との共著論文が高い評価を得たが、出家してオウム真理教に入った。大学に残って科学研究者となっていたとしても頭角を現わしていたであろう秀才である。

広瀬は獄中でオウム真理教への信仰を捨てた。そして、自分がこのカルト教団に洗脳されていったプロセスを冷静に分析している。広瀬の原稿は次のような文章から始まる。

「生きる意味は何か」——皆さまは、この問いが心に浮かんだことはありますか。
この質問から私が始めた理由は、それが皆さまの年ごろの人たちが抱きがちな問題であり、また、若者が「カルト」に係わる契機ともなるからです。（一頁）

広瀬が大学生に向けて問いかける第一声は、「生きる意味は何か」である。「生きる意味」とは日常的な生きがいのことではなく、自分が「生まれてきた目的」にかかわることがらであると広瀬は言う。そして自分がオウム真理教に吸い寄せられていった大きな理由は、オウム真理教が「生きる意味は何か」という問いに対して正面から解答を与えてくれたように思えたからだと言うのである。「生きる意味」を求めたいという動機で若者がカルト宗教に入信するルートがある。

私は本書で、そのルートを明らかにしていきたい。広瀬も私も、最初に自然科学の道を志し、その後で宗教や哲学の方向に大きく舵を切った。だが広瀬は入信し、私は宗教を信じることができないまま宗教の圏外に残った。いったい何が私たちの進路を分けたのか。

第一章では、科学と宗教について考えていく。私は自然科学によって真理を知ることができると考えていた。だが実際に大学で専門的な学習を始めるとそれが誤りであることが分かった。真理を求めていた私は宗教へと接近した。しかし私の前には「信仰」という大きな壁が立ちはだかった。私は科学からも宗教からも拒まれてしまったのだ。

第二章では、神秘体験について考える。神秘体験はオウム真理教にとって決定的に重要である。私が経験した「神秘体験」と「閉じた共同体の罠」についてこの章で詳しく述べる。「我々だけが正しい」という甘い蜜がいかに形成されるかを読者は知ることができるだろう。

第三章ではオウム真理教と同時代に活躍して夭逝した歌手、尾崎豊について考える。尾崎は一貫して「生きる意味」を追い求めた歌手だった。しかし彼はやがて観客たちの期待を一身に担い、彼らの殺意までをも抱え込むことになった。この救済の罠は、カルト宗教においても見られる。

第四章では、オウム真理教の信者だけではなく、私たちのほとんどが絡め取られているところの、見たくないものを見なくてすむようにする巧妙な仕組みについて考える。この「目隠し構造」は社会のあちこちに、そして私たちの心の隅々に仕掛けられている。そこから抜け出すために何が必要なのか、その道筋を追い求めていく。

宗教と科学と生きる意味について、私と一緒に考えていただければ幸いである。

はじめに

宗教なき時代を生きるために。

そのために、私はどうすればいいのだろうか。

生きる意味とは何か、私が存在するとはどういうことか、これらの問いに自然科学は何も答えてくれない。

しかし、それらの問いに解決を与えてくれるという宗教を、私はけっして信仰することができない。

科学にも満足できず、かといって宗教の道にも入ることのできない、この宙ぶらりんの私は、どうやってこの世界で生きていけばよいのだろうか。

一九九五年におきたオウム真理教事件は、私にとって、とても重い出来事だった。その事件をきっかけとして、私は、生命とは何か、この社会のなかで生きることの意味は何かを、繰り返し考えた。

この本で、私が執拗に追い求めたのは、「オウム真理教とは何であったか」という問いではなく、「オウム真理教の時代を生きなければならない〈私〉とは何か」という問いである。

なぜなら、オウム真理教事件が我々にほんとうに問いかけているのは、「オウムとは何か」ということではなく、「オウムを見てしまったあなたとは何者なのか、あなたはあしたからいったいどういうふうに生きていくのか」ということだからである。


科学に満足することもできず、宗教の世界にも入れない人間が、「生きる意味」や「ほんとうの自分」について自分の目と頭で考えようとするとき、その人はどうしようもない孤独に落ち込んでしまう。なぜなら、そういった根本問題に対する解答を、自分自身の内側から発掘してこなければならないからである。

それは、とてもつらく、しんどい作業だ。

でも、そういう作業を孤独のうちに続けているのは、けっしてきみひとりではない。この広い世界のなかには、きみと同じ苦しみに耐え、きみと同じ穴ぼこのなかでもがいているたくさんの人々がいるはずだ。

この私もまた、そのなかのひとりである。

だから、そのような「ひとりで立とうとする」人々のかかえる孤独を、多元的にささえあい、遠くからはげましあってゆく何かの仕組みが必要なのだ。閉じた癒しの共同体を作るのではなく、孤独のささえあいのなかから希望を見出していくこと。

世紀の変わり目を前にして、いま「哲学ブーム」なのだという。

しかし、たんに、哲学史や思想史を、分かりやすいことばで整理しなおすことが哲学なのではない。哲学とは、いまここで一回限りの生と死を生きているこの私が、その全存在を賭けて、世界のあり方と、生きることの意味を、自分自身の頭とことばで考え抜いていくことであるはずだ。

私が本書で行なうのは、そのような試みなのである。

オウム真理教事件を、どのくらいの深さで受け止め、それと対決してゆくのか。この点に注目することで、同時代を生きる思想家のことばが、本物であるか、偽物であるかが明らかになるであろう。

第一章　宗教なき時代を生きるために

1 「信仰」に対する違和感

私の身近にも、宗教を信仰している友人がたくさんいる。

彼らはみんないい人ばかりだ。人格的にも私なんかよりずっとすぐれているし、日ごろの行ないもすばらしい。それにくらべると、私なんか、くだらない人間だ。そう思わざるを得ないこともしばしばある。

ただ、彼らとつき合っているときに、ふと違和感にとらわれることがある。それは、彼らがもっていることの多い、「絶対の真理がすでに誰かによって説かれている」という感覚だ。ふとしたことばの裏に潜むそのような感覚に出会ったときに、私はいつも無限の距離を感じてしまう。「絶対の真理がすでに誰かによって説かれている」。そういう感覚を、私はけっしてもつことができない。こんなことを言うと、宗教をもった友人たちからは、きっと見放されてしまうだろう。でも、やっぱりここは確認しておかなくちゃいけない。「絶対の真理は、まだ誰によっても説かれてはいないし、今後もけっして説かれはしないだろう」。これが私にいちばんぴったりくる感覚である。もちろんこの私の感覚に根拠がないのは、言うまでもない。

こんなことを書くと、「じゃあ、あなたは絶対の真理を求めたり、悟りや救いを求めることはバカげているとでもおっしゃるのですか」と反論されるに違いない。でも、この質問に対しては、私ははっきりとした答えをもっているのだ。私は思っている。絶対の真理を求めたり、悟りや救いを求めたり、それを得るために修行したりすることは、ほんとうにすばらしいことだ。どこかに絶対の真理があるのではないか、どうすれば私はこの苦しみの多い人生から救われるのか、この世で生きる目的はいったい何なのか、そういう問いに突き動かされてもだえ苦しみ、その解決を求めて修行する人間の姿は、人間が示し得るもっとも高貴な姿だと私は思う。

すべての宗教の底辺にあるこのような人間の情念を、私はけっして否定したりはしない。そういう情念は、ほかならぬこの私自身の内部にもあるし、ある意味では私自身の学問の動機となっているとも言える。だから、それがバカげているなんて、ちっとも思わない。

ただ、そういう真理がすでに誰かによって説かれている、という感覚だけは受け入れることができないのだ。あとで述べるように、これは、私が科学というものにどっぷりと浸っていた時期があるからかもしれない。科学は、いま手にしている知識がつねに中途半端なものであるということを前提としている。だから科学は、つねに前に向けて進まなければならない。科学とは、いまだ知られていない解を求めて突き進む、その無限のプロセスのことである。科学に終わりはない。科学は、だから、最終的な真理を知ることができない。

もちろん、「宗教」の中にも、そういう絶対の真理を求めて修行していくその無限のプロセスこそが宗教の本質なんだ、という立場はある。それは認めよう。でも、そういう立場をとる宗教だって、その宗教の開祖が絶対の真理を獲得して、あるいは真理を神から与えられて、それを弟子に向かって説いたという事実は否定しない。それを否定すると、その宗教の根底が崩れてしまう。しかし、まさにこの一点に、私は乗れないのだ。

私が生と死の問題にとりつかれながらも、宗教に行けないいちばん大きな理由は、私が宗教を

「信仰」することができないからである。他人を信頼したり、好きになったり、誰かが言ったことを信じることはできる。しかし、宗教の「信仰」だけはできない。

「信仰」にも様々な位相がある。宗教の開祖が指し示す「絶対の真理」というものをそのまま信じることも信仰である。あるいは、教祖の言われるとおりに導かれることで私が救われるということを、そのまま信じることも信仰である。あるいは、絶対的な真理に到達できない私の限界をありのままに見つめることで、逆に超越者の存在を受け入れていくのも信仰である。

しかし私には、それらすべてができない。

ほとんどの宗教が、教祖や教義や超越者への信仰を核にして成立している。キリスト教やイスラム教などもそうだし、日本仏教の浄土真宗や日蓮宗などもそうだ。もちろん、土着の習俗と混合したライフスタイルのなかに根付いている道教や神道などの場合は、信仰というファクターが少なくなる。「信仰なければ宗教にあらず」という考え方がおかしいということは、宗教社会学のなかで言われ続けてきた。それはたしかに一理ある。しかし、かなり多くの宗教が「信仰」を中核において成立していることは事実だし、「信仰」を足場とすることによって、宗教は大きなパワーを発揮してきたのだ。

2　生と死の新しい考え方

もういちど整理しよう。

私は、生と死の問題にこだわり続けてきた。しかし、それを宗教の道を通って探究することはできない。なぜなら、私は、「誰かがすでに語った絶対の真理」というものを受け入れることができないし、そういう真理や絶対者や教祖への「信仰」をもつこともまたできないからである。

こう言うと、「じゃあ、あなたは無神論者、唯物論者、科学主義者なのですね」と問われるに違いない。

私がこの小論で言いたいのは、そういうような、「宗教を信じないものは、即、唯物論者だ」というような二分法をやめてくれませんか、ということである。この点は、私にとっては、とても大事なことなのだ。「私は宗教を信じていませんが、しかしながら唯物論者ではありませんよ。私は宗教を信じていませんが、科学主義者じゃありません。そして私は宗教を信じていませんが、無神論者でもありませんよ」。こういうことを、平然と言えるような世の中が、はやく来てほしい。

ある学者は、「空中浮揚はないのだし、あの世は存在しないのだし、神は存在しないのだ」と断言するが、私はそうは思っていない。空中浮揚があるかないかは、その事実がみんなの前にあらわれるまでは誰にも断定できないはずだし、あの世が存在するかどうかを客観的に証明するのは不可能だし、神が存在するかどうかを断言するのもやはり不可能である、と私は思っている（めんどうな哲学論議をするのは避けたいが、あるものが存在しないということと、それの存在を証明できないというのは、別のことである）。

要するに、あの世とか、神様とか、空中浮揚とか、そういうものの存在について、私は判断することができないのだ。あるかもしれないし、ないかもしれない。どっちが正しいかを判断できないときには、「私は分かりません」と言うのがいちばん誠実な態度ではないのか。

それに、さっきも言ったように、私は「絶対の真理とはなにか」とか、「あの世はあるのか」とか、「人生の意味はなにか」とか、そういうことを考えていくことを、人間にとって非常に大事なことだと思っている。そういうことを考えないではいられない人間の気持ちはよく分かるし、そういうことを追求していくのが人間存在のひとつの証しだし、私のなかにもそういう情熱はある。

だから、宗教者としてではなく、かといって無神論者でもないようなスタンスで、生と死の問題を考え続け、この世での私の生き方を模索し続けていく、そういった道を私は選びとりたいのだ。

まえからそういう気持ちはあったのだが、今回のオウム真理教事件に遭遇することで、もうこのスタンスを公言してやっていくしかないというところにまで追いつめられてしまった。その意味で、オウム真理教事件というのは、本当に重かった。生と死の意味を知りたい、解脱したい、超能力を得たいと願った若者たちが、どうして麻原教祖への「信仰」へとからめ取られなければならなかったのか。そうなってしまった原因のひとつは、そういう問題を追求する方法として、いまの社会が「宗教」という窓口しか用意してこなかったことにあるんじゃないか。この世俗世界で現実にまみれて暮らすか、あるいは宗教に入って生と死の意味を追い求めるか、という二分法しかこの社会は認めてこなかったのではないか。だから、そういう問題を悩む人間は、やむなく宗教に入るしかなく、そしてやむなく教祖への絶対的信仰へとからめ取られていったのではないか。

一方、宗教の扉を叩く勇気がなかった人たちは、生と死の問題についてあれこれ悩むのを中止し、しかたなくこの社会の中で、つまらない日々の仕事に自我を没入させているのではないか。日々の忙しい仕事は、生と死の問題なんていうややこしいものを、目の前から遠ざけてくれる。街に出れば、瞬間的な快楽はいっぱい用意されている。そういう仕事と夜の快楽の繰り返しの中で、ややこしいことなんか忘れてしまえる。そういう人たちは、さっと今回のオウム真理教事件を知ったときに、そういう宗教の世界に入っていたかもしれない自分にふと気づいて、そしていまの自分の生活を一瞬だけ醒めた気持ちで懐疑したことだろう。あるいは、一九九二年に尾崎豊が死んだときに、社会人として社会に組み込まれているかつてのファンたちも、同じことを一瞬感じたにちがいない。しかし彼らも、そんな振り返りの気持ちはすぐに脳裏から捨てて、あしたから社会生活に戻らねばならない。「この管理社会では、生と死の問題を自分に引き受けて考えている余裕なんかないんだ」。たしかにそれは事実であるが、しかし自分に対する言い訳でもある。

宗教の扉を叩いて「信仰」の生活に入るか、あるいは世俗世界に残って生と死を忘却する生活を送るか。そういう二分法しか用意されていないようにみえる我々の社会って、とっても貧しいのではないか。そのあいだを縫って、第三の道をつけていくことはできないのか。

オウム真理教事件について、山折哲雄は次のような発言をしている。

麻原教祖と対談をしたことのある山折氏のところには、連日のように取材の申し込みが殺到した。彼はそういう依頼を最初はことわっていた。マスコミとのやりとりのなかで、山折はテレビのディレクターたちに向かって、「あなたの宗教は何ですか」と聞いてみたという。すると、彼らのほとんどは、自分は無神論者であると答えたという。山折は書いている。「マスコミ最前線のジャーナリストたちが、宗教の深層に根ざすこんどの大事件を無神論者の眼差しで凝視《みつ》め、報道しようとしている」「もしもそうであるとして、それでは無神論者の眼差しというのはいったいどういう眼差しなのだろうか。それも議論をしていれば果てのないことになるが、たとえば今度の事件を、神や仏の側（すなわちそれを信ずる者の側）からではなく、社会の側（すなわちそれを眺める観客席の側）から凝視め、分析し、説明しようとする眼差しのことだといってもよい」（山折哲雄「無神論者の眼差し」『イマーゴ』一九九五年八月臨時増刊号〈オウム真理教の深層〉、二六〜二七頁）。

たとえば、こういう文章にあらわれてくる二分法こそが、私をいらだたせるのだ。

山折はオウム真理教を見る眼差しを、二つに分けている。ひとつは、「神や仏の側」の眼差しである。山折自身が注釈しているように、それは神や仏を信ずる者、すなわち「信仰」する側の眼差しである。

もうひとつは、「社会の側」の眼差しである。山折はこれを、事件を眺める「観客席」の側だと言っている。事件を傍観者として楽しむ、観客席の人間である。

ここにあるような、一方には「信仰」の眼差しを置き、その対極には「観客」の眼差しを置いて、その二分法の図式をもちいて宗教的な事象を見ていこうとする、そういう評論こそが、この世俗世界に残ってなお「観客」ではありえずにオウム事件をわがこととして苦闘している私のような人間を抑圧してゆくのである。自らの身を「信ずる側」に置くこともできず、かといってこの社会の中で、のほほんと「観客席」に座ることもできないでいる多くの人間たちのことを、この図式はきっぱりと無視している。信仰には踏み切れず、世俗世界に残りながらも、しかしながら「神秘」や「生死」や「悟り」などへの情熱を裏切ることのできないそういう沈黙した人間たちが、オウム真理教事件に直面して、どのくらい身を切るようなダメージを受けたことか。

私には、一歩間違えれば、オウム真理教に入っていたかもしれないという切迫感がある。オウム事件に関する「評論」を読んでいて、いつもいらだちを覚えるのは、それらの「評論」には、そういう切迫感がぜんぜん感じられないからだ。麻原教祖の、あの空中浮揚の写真が表紙になった本を、書店で立ち読みまでして、しかし買わなかったのが私であり、買って熟読して会員登録してしまったのが、たとえば元名古屋支部長のAさんだ（『現代』一九九五年八月号、八〇頁）。どこが違うのか。私もあと一押しだったかもしれないじゃないか。私があの本を手に取ったのは、やはり表紙に使われていたあの空中浮揚の写真に、後ろめたいような興奮を感じたからだ。若者がオウム真理教に惹かれた理由のひとつには、空中浮揚をはじめとする超能力を身につけたかったという動機がはっきりとある。私にはそれがよく分かる。私のなかにもそれは明確に存在していた。私もまた空中浮揚したかったし、スプーンを念力で曲げたかった。同じく空中浮揚するというTM（超越瞑想）にもつよい興味をもっていた。この地点にまで正直にさかのぼらないと、オウム問題は見えてこない（この点については、第二章でくわしく語ろうと思う）。

もう一度確認しておこう。

この世に生きている意味とはなにか、死んだらどうなるのか、正しい生き方とは何なのか。そういう問いから目をそらすことができず、それに全身全霊をもって向かっていこうとするとき、そういう人間の前に「宗教」の扉しか開かれていないという、この我々の社会は貧しすぎる。そういう問題に立ち向かうためには、「誰かによって説かれた絶対の真理」とそれに対する「信仰」を核とする「宗教」に帰依するか、あるいはそういう問題を考えること自体をやめてしまって、この管理社会のなかで日々の楽しみだけを消費しておもしろおかしく生きていく道しかないという、この二分法の社会こそがおかしいのだ。

このように言うと、「仏教は、世俗と出家のあいだの第三項として、〈在家〉というものを認めている。だから、仏教を二分法だと言うあなたの見方こそが偏狭なのだ」と反論されるかもしれない。しかしながら、在家というのは、世俗世界に住みながらも、やはり「信仰」への道をめざす人々のことである。この意味で、在家もまた「信仰」を核とした宗教の側に属していることはまちがいない。従って、それは、私の言う第三の道ではない。

別の例をとって考えてみよう。

朝日新聞の記事によれば、逮捕されたオウム真理教幹部の都沢和子は、インタビューに答えて次のように言ったという。「『一番に思ったのは、〈この世はなんて汚いんだろう〉ということです』。外に出て、車の中から眺める景色は、鉄やビルがとても冷たい感じだった。食べ物屋が浅ましく見え、スーツを着た人間が異様に見えた。『何かひもでその人の体がグルグルと縛られて、解放感がないように感じた』と」。

この世っていったい何だろう。人間っていったい何だろう。そういう疑問をもって現実の世界を虚心に眺めてみれば、こういう光景が開けてくるのは当たり前の話である。とても純粋に、世界の情景を観察している。そういう汚く、浅ましく、抑圧的なこの社会の中で日々生きなければならない私の人生って、いったい何なのだろう。そういう問いかけが、彼女の頭の中にはあったはずである。

そして、そういう問いかけをバネにして、この世で私が生きていく意味や、この社会とどのように対決していくのかについて、自分の目と頭で考え続けていくこともできたはずだ。

しかし、都沢はそういう道を歩まなかった。

彼女は、ひきつづいて次のように語ったという。「今後の課題は、いかにグルの意思に沿って行動するか。グルの意思を百パーセント実行するか、ということです」（朝日新聞、一九九五年八月一六日大阪版朝刊）。

この社会と自分の人生への鋭い反省能力をもったひとりの人間が、自分の目と頭で問題に立ち向かっていく道をではなく、自分の帰依したグルを信仰し、グルのロボットとなって生きてゆく道を選択せざるを得なかったことに、都沢和子の悲劇はあるように思える。そして、彼女がそのような道を選ばざるを得なかったひとつの原因は、やはりこの社会に満ち満ちている例の二分法ではないかと思うのだ。

3　科学者の卵たちはなぜオウムへ行ったのか?

地下鉄サリン事件が起きて、オウム真理教がその犯行グループではないかと疑われはじめたとき、私はその事件を単なるカルトグループの無差別テロとしてしか見ていなかった。その前日まで自分が出張で東京にいたという不気味さは感じたが、それ以上の感覚はもてなかった。

ところが、教団幹部の村井秀夫が刺客によって殺害されたときから、私のスタンスは急激に変わった。ささいなことかもしれないが、村井氏が私と同い年だというのが、とても強くひっかかったからである。それだけではない。彼は大学で宇宙物理学を専攻していたと言うではないか。それから、オウムに転向したという。この事実は、私にとってはきつかった。

オウム報道のなかで、科学技術省というものの存在が、大きく取り上げられるようになる。大学でエリート科学者へのコースを歩んでいた若者たちが、その出世の道を捨てて、オウムの科学技術省に入ってきているらしい。そして、サリンをはじめとする殺人兵器を開発したらしい。どうして、エリート科学者の卵が、オウムなんていうカルト宗教に引きつけられたのか。それが分からない。そういう声を、マスコミが流しはじめた。新聞などでは、わが国の戦後の科学教育が中途半端だったから、そんなことになったのだ、もっときちんと科学教育を行なっていれば、科学とオカルトを結びつけるような科学者なんか出てこなかったはずだ、というような論調もあらわれてくる。

それらの声を聞いて、私は、ああ、とため息をつく。どうして科学者の卵が新々宗教に走るのか、私には分かりすぎるくらい分かる。そして、「その理由が分からない。もっと科学教育を徹底しろ」などと言っているあなた、あなたのような人がいるおかげで、彼らは新々宗教に走るのですよ、と声を大にして言いたい。

いずれにせよ、この科学技術省というものの存在は、私にはとてもきつかった。ちょっと立ち直れないくらいのショックだった。私には、そこに入ってしまった科学者たちの中にあった、人生の問いへの真摯な眼差しも理解できるし、同時にそういう閉鎖空間で化学兵器の技術開発の論理的な可能性に熱中したいという悪魔のささやきもまた身にしみて分かる。私自身がそこにいたとしても、ちっとも不思議ではないという思いがある。

オウム真理教の信者であった高橋英利氏は、河合隼雄、中沢新一との座談会で次のように述べている。オウム真理教に集まってきた人たちには、いろんなタイプの人たちがいる。「超能力が欲しくて入ってきた人、尊師の仏教性や慈愛にひかれた人、病気を治された人、僕みたいに精神的な追求だとか哲学的な問題を抱えていた人、いろんな人が集まってきているんです」(『イマーゴ』一九九五年八月号、一二頁)。そのひとつのタイプとして、高橋氏のような、大学では理学系の研究をしながらも、人間とか精神の問題に強い興味を覚えてしまうタイプの人々がいる。

高橋氏は、大学生の頃は理学系の地質学科に在籍していた。しかし同時に、人間とは何か、自分とは何かという問題が頭から離れなかった。そんななかで、麻原教祖の講演を聞く。高橋氏はそこで質問をする。自分がいま直面している問題を科学的に探究していくことをどう思うか。その質問に対する麻原教祖の答えは、高橋氏に強い印象を与える。

「あなたが抱えている問題というのは、たぶん科学をやっていても答は得られないでしょう」というようなことを言われたんですね。僕も薄々感じていたことなんですよ。「科学」をやっていても、どうして人間は生まれ出るのかということには答えてくれない。（一〇頁）

高橋氏もまた、宇宙論をやってこの宇宙のことを科学的に調べていっても、なぜ私がこの宇宙に生まれたのかはけっして分からないということを、日頃から自問していた。高橋氏は言う。

僕も精神的なものを求めていたために、自分が本当に知りたいのは、宇宙がどうなっているかを写真に撮ることでもなければ、分析機で調べることでもない。自分がどうしてこの宇宙、この世に生まれてきて、どうしてこのようにとらえているんだろうと思うようになった。（一一頁）

自分がいまやっている科学は、人生の問題、存在の問題には答えを出してくれない。そういう悩みを抱えている科学者の前に、「人間とは何か」「生死とは何か」「存在とは何か」を断定的に、それも簡潔に説いてくれる宗教があらわれたとき、その人間がそういう宗教に惹かれていってしまうのは容易に想像できるはずだ。悩める科学者は、宗教の世界、精神世界にジャンプしやすい。ここがひとつのポイントである。

オウム医院の林郁夫医師もまた、医学界の若きエリートであった。その彼が、医学界での出世の道を捨てて、オウムへと入ってしまう。報道によれば、林医師もまた、「生と死の問題」を自分なりに深く考えた結果であるという。自分の先端医療技術が、患者さんの魂をほんとうに助けているのか。そういう疑問があったという。高橋英利氏も、林医師について、次のような感想を述べている。

いま捕まっている林さんは自分がお医者さんだった。人を助けるために仕事をしてきて、人を根本的に助けていないことに気がついた瞬間に、あの人は医者ではなく宗教をやりたくなったんですよ。（二七頁）

その林医師が、地下鉄サリン事件では、サリン袋に穴を開ける実行犯のひとりとして、無差別殺人の当事者となる。誠実であるがゆえの悲劇だ。ほんとうに、彼には新々宗教への道しかなかったのか。

科学者から精神世界への転身。

それは、この私自身のかかえる問題でもある。

私も科学者になることをめざして大学に入学した。そして高橋氏が直面したのと同じような問題を抱え込み、打ちひしがれ、そのあげくに進路を変更して精神世界の探究に入っていった。私の場合は、理科系（理科Ⅰ類）から文学部倫理学研究室というところに移ったのだが、その移り先が、当時学内で活躍していた某新々宗教であっても、はたまたオウム神仙の会であっても不思議はなかったと思う。文学部に転部しても、大学にはほとんど行ってなかったのだから、その可能性は十分にあった。

引用した高橋英利氏の自分史を読んでいて、彼と私とを分かつものは、ほとんど見いだせない。なにかの巡り合わせが狂えば、私もオウム真理教の幹部になっていたかもしれない、と本気で思うことがある。自己と教祖とのあいだで身動きがとれなくなって、おそらく脱会していたとは思うが、ひょっとしたらサリン生成に立ち会っていたかも。教団幹部や、科学技術省の研究者に、私と同世代が多いということにもけっこうリアリティがある。

私もまたオウム真理教に入っていたかもしれない。この感覚が、今回の事件を見るときの私の基本的なスタンスである。そして、人々がそのような道を選ばなくて済むような、何か別の選択肢が必要なのではないか。そういうふうに、考えていきたいのだ。

4　科学への失望

回り道になるかもしれないが、私自身のことについて書いておかなければならない。私がオウム真理教のような新々宗教に入らなかったのは、なにかの偶然なのか。それとも別の理由があるのか。そこを確かめるためにも、自分自身のことを振り返ってみる必要がある。私が若いときにたどったパターンは、けっして私ひとりだけのものではなく、同時代を生きた他の人々のあいだにも、きっと共有されているはずだと思うからだ。

他の場所にも書いたことがあるが、中学・高校のとき、私は数学・物理少年であった。数学の問題を解くのはすごく好きだったし、問題集の解答欄にのっていないようなやり方で解くことを友人たちと競っていたこともある。そしてそれ以上に、物理学が好きだった。数学の手法を使って、世界の成り立ちを一歩一歩解明していく物理学のおもしろさに、わくわくしていた。学校で習う物理学だけではなくて、相対性理論の入門書や、量子力学の入門書なんかを繰り返し読んでいた記憶がある。そして私の関心は、宇宙論と素粒子論へ向かっていった。当時、宇宙論は、ビッグバンセオリーを介して素粒子論と結びつきはじめていた。この宇宙全体がいつどのように始まったのかという研究が、こともあろうに、物質のミクロの究極である素粒子のふるまいによって解明されはじめていたのである。この、マクロコスモスとミクロコスモスの融合という、驚異的な事件が、現代物理学の最先端で起きていたのだ。

その光景は、若かった私のこころをとらえた。私は物理学者になって素粒子論を研究するのだという決心をした。そして宇宙の姿を解明するのだ。

量子力学が今世紀のはじめに直面した、いわゆる「観測問題」という難問もまた私のこころを強くとらえた。非常にミクロな粒子のふるまいを観測するときには、それを観測する行為それ自体が粒子の運動に影響を与えてしまう。それをどのように解釈するかをめぐって、アインシュタイン、ボーア、フォン＝ノイマンらが対立した。ミクロな領域にはいってくると、見るものと見られるものとは、もはや分離していない。相互干渉しあっている。これはすごい。この謎を解明しなくては。

高校時代の私は、そういう夢を胸に抱きながら、受験勉強にはげんでいたわけだ。いまから考えてみれば、当時の私は、物理学と「哲学」とを混同していた気配がある。私は、物理学によって、この世界と宇宙と自分の謎を解明できると単純に信じていた。物理学こそが、なぜ宇宙はできてきたのか、なぜ世界はこのような姿をとっているのか、なぜ私はこの世に生まれてきたのか、生と死の意味は何か、といった問題群に最終的な答えを与えてくれると思っていた。物理学は、そういう「全体」の問題に、最終的な答えを与える唯一の学問だと思っていた。そしてその手段として、数学というものが使われる。

私は大学の理学部・工学部進学コースである理科Ⅰ類というところに入学した。物理学科への進学は難関だというのは知っていたが、とにかくそれをめざそうと思っていた。

では、高校時代に私がいわゆる理系人間だったかというと、そうでもない。中学のときから、小説ばかり読んでいる文学少年だった。高校になってからは、哲学というものにも、のめり込んでいた。パスカル、ニーチェ、フロイトなどを文学書のように愛読していた。そういうことを語り合う友人はいなかったので、孤独に黙々と読んでいた記憶がある。それらの哲学書をどうして愛読していたかというと、彼らは人間の「生と死」の問題を正面から語っていたからである。これは誰でも覚えがあると思うが、感受性の高い十代の人間にとっての大問題は、セックスと死である。身体中にこみ上げてくる、このどうしようもない性衝動と恋愛感情。これをいったいどうすればいいのか。そしてもうひとつの問いは、私が死んだらいったいどうなるのかということ。私だけが無になるのか、それとも私と一緒に世界もまた消滅してしまうのか。私のいない世界とはどのようなものなのか。私はそれに耐えられるか。こういうことを考えはじめると、夜も恐くて眠れない。いくら考えても、答えはどこにも見つからない。いちばんいい解決法は、それを考えないようにすることである。だから、私は、なるべくそれを考えないようにした。しかし、かならず定期的にその問いは私を襲う。そして私を眠れなくさせる。

だから、当時の私にとっては、こういう「哲学」「宗教」の問い、すなわち死んだらどうなるのか、生命の意味とは何かという問いと、「物理学」の問い、すなわち世界はどのように構成されているのか、宇宙はどのように生成したのかという問いは、なんの矛盾もなく同居していたのである。私は、物理学者になるか、そうでなければ小説家になろうと思っていた。いまの私はこのどっちにもなっていないが、しかし当時の私にとっては、物理学者と小説家は交換可能な存在だったのである。そういう私の自然な発想を切り裂いたのが「理系か文系か」という二分法だった。この「理系か文系か」という制度には、いまだに腹が立っている。これのおかげでどのくらいみじめに苦しんだことか。とうてい許しがたい。

ともあれ、私は物理学者になって世界と宇宙と自己の謎を解明しようと、大学に入学するわけである。

入学したのは一九七七年のこと。学園紛争のなごりも消え失せ、キャンパスには面白そうなことはなんにもなかった。最初は、全部の講義にまじめに出席したが、二カ月くらいでほとんどすべてに出なくなった。大学にはほとんど行かなくなり、悪友と東京の街をさまよう生活となった。

その理由は三つほどある。ひとつは、高校ではトップクラスであったが、大学に来てみるとまわりはみんな自分と同じくらい勉強ができるやつばっかり。その中でさらにがんばって勉強してトップに立つ意欲がそがれてしまった。これがドロップアウトの第一の理由。もうひとつは、私の中で抑圧されていた青春の炎が一気に堰を切って燃えさかってしまったこと。受験勉強で彼女ひとり作れなかったことへの後悔と、その取り戻しのほうに私は燃えてしまったと言える。以上二つの理由は、受験秀才だった人間が大学で経験する定番コースだ。

第三の理由は、自然科学というものに対する失望である。

私の内面の問題としては、これがやっぱり、いちばん大きかった。

大学に入って理科系の基礎トレーニングのコースを受けはじめ、そして学習に専念する友人たちの姿を見て、私はしだいに「醒めた」感覚を自然科学に対してつのらせていく。私がめざしていた自然科学って、こんな無味乾燥なテクニックの集積じゃなかったはずだ。それはもっとダイナミックな、心躍らせて世界と宇宙と精神の神秘を解明してゆく試みだったはずだ。あくびをしながら学生の実験指導をする教師の姿や、ただ順序よく整然と積み重ねられている数学や物理の公式群、そして講義では毎回微分方程式の解法の羅列。それらに触れるたびごとに、私は間違った場所に来てしまったのではないだろうかという不安に襲われた。

もちろん、たかが教養の理系の授業を受けただけで自然科学一般に失望するなんて、傲慢もいいところだと言われるかもしれない。それはたしかにその通りだと思う。そういうわくわくすることは、基礎の修練を積んで、専門に進んでから、目の前に開けてくるのかもしれないのだから。実際、化学の分子の立体構造の授業などは、例外的に面白かったわけだし。だから、がまんして、もう少し先にまで進んでみることをせずに、ほんの出だしのところで自然科学を放棄してしまった私は、たしかに傲慢で横着な人間だったのかもしれない。

　しかし、将来一流の専門家になるであろう同級生と机を並べ、そして科学者として一流であるはずの先生方の姿を毎日見ることで、私はやはりなにかを嗅ぎとっていたのではないかと思う。自分の求めているものは、この集団の中からは生まれてこないのではないかという予感を、嗅ぎ分けていたのだと思う。その後、専門の科学者の卵となった友人たちの姿を見ても、そこに、宇宙と人間の神秘をわくわくしながら解明しているという興奮を見ることは少なかった。いまとなれば、私の直観は正しかったことがはっきりと分かる。現代の巨大科学は、官僚制と同じような構造をしていて、大多数の科学者は複雑なチームの一歯車として日々の仕事をこなしているにすぎない。小さな発見や仮説の合間から、自然の巧緻を垣間みる喜びや興奮はあるにしても、それを宇宙や人間や自己の解明に直接つなげるには、現代科学は複雑になりすぎている。

　こういう話をすると、君は自然科学を否定したいのかと誤解されることが多い。もちろん、そんなつもりはまったくない。私が言いたいのはただひとつ。私がほんとうにやりたかったことは、自然科学の内部ではできない、ということ。私がほんとうに欲しかった答えを、自然科学はけっして与えてはくれないということ。それだけだ。自然科学を天職として感じることのできる人は幸せである。私はけっして、そういう人にとっての自然科学を、否定したりはしない。

　要するに、私は大いなる誤解をしていたのだ。

　私は、自然科学を、宇宙が存在する意味とか、生とは何か死とは何か、人生の意味とは何か、私はなぜ存在するのか、そういう疑問に答えてくれるものだとばかり思っていたのだ。そしてそれが誤解であることに、大学入学直後に気がついたというわけだ。その後、科学哲学やら、科学史やらをかじることで、それは決定的となった。

私は入学一年目にして、最大のアイデンティティ・クライシス（自分の信じていた自己像が崩壊すること）に陥った。いままで自分がめざしていたものが、誤った目標だと分かったことのショック。ほんとうに目の前が真っ暗になった。大学の授業に行くのはやめたが、そのかわりに何をすればいいのか分からない。昼夜逆転の生活をして、やることといえば遊びだけ。そんな毎日が続いた。

当時の心境はと言えば、まっすぐな線路が目の前はるかかなたにまで続いているのだが、自分が乗っていた汽車は大破してしまって、私はひとり線路のわきの草原に投げ出されている。そういう感じだった。けっして自然科学というものを嫌ったり、憎んだりはしていなかった。私の中にある知性ははっきりと自然科学的なものであったし、数学のパズル解きや、次々と報道される科学的発見のニュースには、やはりいつもこころ躍らされた。いまでも、そういう思いは強く残っている。自分は、本来ならば、科学者になるはずの人間だった。実験室に朝までこもって、新発見の喜びにすべてを賭ける科学者になるはずだった。そうやって、自然界の神秘に一歩一歩着実に迫ってゆくという、学問の王道を歩んでいるはずだった。自然科学の道を、その初期の時点で自覚的に引退してしまったという負い目は、私の心の底にいまでも残っている。

さらに思い返してみれば、私が自然科学者になろうと思ったのは、たんに数学や物理といった知的ゲームが得意だったからだけではない。高校生の頃、私は、ある科学者にあこがれていた。

自分もあんなふうになりたいと、こころから思っていた。それは、映画「ゴジラ」に出てくる片目の科学者、芹澤博士である。自分の開発した最終兵器オキシジェン・デストロイヤーを抱えて、水中に潜むゴジラに向かって自爆していく、あの人。人類を救うために、人類が生み出した悪＝ゴジラと闘った科学者。それが私の理想の人だった。私にとって、科学とは、たんなる知的ゲームでも、純粋な発見の喜びの追求でもなかった。科学とは、人類を救うべきものであり、人類が生み出した悪と闘うことそのものだったのだ。そういう、いまから考えればロマンチックな、気恥ずかしいような感覚を、私は自然科学に対してもっていた。

大学生になってもなお、私はそのような科学観を、こころのどこかに残存させていたのだと思う。人類を救うための科学の一員となるのだという夢を、無傷のままもっていた。だから、大学の自然科学の授業に失望したときに、余計にこたえたのだと思う。

そのころ、大学のキャンパスには、新々宗教の勧誘があふれていた。学生を集団生活させて社会問題を起こしていたG研や、親鸞の教えを学びませんかとしつこく誘ってくるT研究会や、その手のグループがうようよしていた。私も無数に声をかけられたし、T研究会の学生や、日蓮宗系のS学会の人とはつっこんだ討論もした。私は理系の学生だったから、科学では生と死の問題は解けないという話題からよく入った。その点は彼らもすぐに同意してくれた。しかし、私は、あなたの宗教でどうして生と死の問題に解答が出るのか、それを証明してくれというふうにがんばったと記憶している。彼らは、結局、聖典に真理が書いてあるから、それが正しいのだというトートロジー（同語反復）でしか答えてくれなかった。その答えは、科学者をめざそうとしたことのある私にとっては、納得がいかなかった。

この時期に私が新々宗教に勧誘されなかったのは、ひとつには彼らの勧誘の仕方がへただったせいかもしれない。いまから振り返ってみると、もしこの時期に、神秘体験から入ってゆく方式の勧誘に出会っていたら、興味を示していたかもしれないなと思う。だとしたら、たまたま私がそういうものに出会わなかっただけで、私が新々宗教に入らなかったのはやっぱり偶然なのかもしれない。

5　自然科学では扱えないもの

もうすこし私自身のことを書こう。

私は大学の理系の教養課程に、三年間いた。それから文学部に進学し、そこでも三年間在籍した。

だから、大学の理系の雰囲気と文系の雰囲気の両方を知っている。

いまはどうなのか知らないけれど、当時の理系の雰囲気は、文系の雰囲気とは全然異なっていた。まず、理系の方がきっちりとしたカリキュラムでやっている。いい点数を取りたかったら、朝から夕方まで、毎日講義に出なくてはならない。理系の授業は積み上げ式なので、どこかで脱落すると、ついていけない。文系の場合は、もっとちゃらんぽらんだ。適当に抜かしても、やっていける。

理系の授業は、とてもシステマティックなのだ。それは、現代の自然科学それ自体が、『ネイチャー』などを頂点とする業績のヒエラルキー体制（上下の階層がはっきりしている体制）として、システマティックに編成されていることと対応している。いわゆる国際的一流誌と呼ばれる学術誌に自分たちの論文を載せるための全員競争レースの末端に、大学の教育もまた組み込まれているのだ。そのレースは、一分一秒でも他人より早く成果を出そうとするシビアな闘いであり、そこでは脇目もふらず目標に没頭できるパーソナリティと才能をもった者が勝利してゆく。そして、そういう勝利者たちは、自分の研究が効率的に進むように、どこからか研究費をもらってきて、大学院生や若手の研究者たちを組織し、彼らに下請けの仕事を分配して、できあがった成果をまとめて自分がリーダーの仕事として発表する。他人に勝ち抜いて、そういうトップの位置に立つことのできなかった科学者は、いつまでたっても、他人の研究の一歯車としての仕事しかできない。これが現代科学研究の現実だ。

もちろん、このような現実は、自然科学研究の世界だけにあるわけではない。企業だって、官庁だって、現代の巨大組織では、みんなこういう力の論理のもとで日々の仕事を黙々とこなしているわけである。だから、まさにそういう意味において、現代の自然科学者というものもまた、現代の巨大組織における平凡な一個の職業にほかならないということだ。現代自然科学の悲哀は、そのまま現代官僚制の悲哀でもあり、現代企業組織で働く悲哀でもあるのだ（この種の悲哀を描写したものに、永瀬唯「綺想科学と妄想兵器にまみれたオウム・テクノロジー」プランク編『ジ・オウム』太田出版、一九九五年、二七二〜二九九頁がある）。

さて、私が大学の自然科学教育や、それに適応しているまわりの学生を観察して実感したこと。

そしてその後、科学研究の前線で働いている普通の科学者たちと接触して気づいたこと。それは、現代の自然科学研究のシステムの中で成果を次々とあげていくためには、その研究を進めるのに役立つこと以外の、人生の〈余計なことを考えてはいけない〉ということだ。そういう〈余計なこと〉を脳裏から払拭できて、自分の目の前の研究計画に昼夜没頭できる人間、あるいは研究の時間とプライベートの時間をきっちりと割り切って、研究の時間には人生の〈余計なことを持ち込まない〉人間こそが、自然科学のシステムの中を上手に泳いでいけるのである。そういう学生が、大学時代からいい点数を取って大学院や一流企業の研究所に進んだり、あるいはアメリカに早々と研究留学したりする。そして論文を一流誌に載せることに成功し、大学や研究所の重要ポストに就職してゆく。

逆に言えばこういうことだ。人生の〈余計なこと〉を脳裏から払拭できない人間は、少数の例外を除いて、必然的に自然科学本流のレースからは脱落する。脱落したときにその人間は、アイデンティティ・クライシスに陥る。そこに新々宗教の誘いの手が伸びてくるのである。

では、その〈余計なこと〉とはいったい何か。

私自身のことを例にとってみる。学生時代に私が悩んだのは、次のようなことであった。私は受験勉強から脱出して、いま大学で自然科学の基礎を勉強している。しかし、物理学科や情報科学科なんかに進学するためには、いい点数を取らなければならない。他人に勝ち抜いて、いい点数を取るためには、脇目もふらず勉強しなければならない。それがすんだら、どうなる。大学院に入って、研究を続けるわけだが、今度は国際舞台で業績を積み上げていかないと、大学の先生への道はない。そのためには、また他人を一分一秒でも出し抜いて、自分の業績を世界に知らせないといけない。そういう科学の世界での出世レースが人生の半分は続くわけだ。でも、それが、ほんとうに私がやりたかったことなのだろうか？　私が科学者をめざしたときに、私がやりたかったことは、そういう研究レースに馬車馬のように参加して一等賞を狙うことだったのか？　科学者として生きる私の人生の意味ってなんだろう。この道をこのまま進んでいくことが、ほんとうに私の幸せにつながるのだろうか？

そういう疑問が、次から次へと湧いてきたのを覚えている。

それは次のような問いへと進んでいく。

私が物理学ということでやりたかったのは、この世界がどうしてあるのか、この世界に私が生きている意味とは何か、私が死んだらどうなるのか、そういう問題を、自分自身の頭で、自分自身がいちばん納得できるようなやり方で、考え続けてゆくことだったはずだ。このまま自然科学の世界に入っていっても、そこでは、これらの問いに対して、私がほんとうに納得するような答えは得られないような気がする。自然科学というのは、こういう種類の問題を脳裏から追い払うことで、なんとか成立している学問体系なのではないか。そういう学問に、自分の半生をささげてしまって、ほんとうにいいのか？

私は、こういう〈余計なこと〉に悩まされ続けた。大学の同じクラスの友人たちにこういう悩みを打ち明けてみたことがある。彼らの答えは、一様に、そういうことをいくら考えても答えは出るはずはないから、自分は考えないことにしている、というものであった。これには、とても失望した。彼らはみんないい友だちであったし、一緒に野球を見に行ったり、合コンをしたり、学園祭で出し物をしたりしたのだが、私はこころの底の方で、もう彼らとは違う世界に行くしかないなと思ったものだ。

もちろん、そういう〈余計なこと〉というのは、結局青春期の定番の人生の悩みであり、みんなそういう時期を通り過ぎて〈大人〉になっていくんだから、いまはそういう悩みを脳裏から消して、当面の勉強に励むのがいいというアドヴァイスはあり得る。でも、そういうアドヴァイスは、私にはたぶん通用しなかっただろう。私がいやだったのは、そういう「脳裏から消して忘れ去る」というプロセスそれ自体だったからである。そしてそれは、人が、「自分が死んだらどうなるのだろう」という問いを忘却するときに使っているプロセスと同じだ。そういう問いを頭から消したって、人生の後半になって、老いが始まってから、結局その問いに再び悩まされることになるだけだ。それまで忘却していた分だけ、もっと激しく悩むかもしれない。

〈余計なこと〉を脳裏から消し去るというこのような作業は、実は、物理学・化学をモデルとする現代自然科学の本質と、深い関係がある。自然科学では、ある事象を研究するときに、そこに関与している変数の数をなるべく少なくして考えようとする。たとえば、現在主流の進化学であるネオダーウィニズムは、生物の進化というものを、生物の細胞の中にあるＤＮＡと、それを取り巻く物理的な環境要因の二種類だけに基本的に限定して、理論を組み立てようとする。地球上で生きている生物に影響を与えているファクター（要因）は、無限にあるはずなのだが、その中からＤＮＡと物理的な環境要因だけを抜き出してきて、ほかのものは〈余計なこと〉として消し去ってしまう。こういう思考方法こそが、現代自然科学にもっとも適しているのである。そして、そういうラディカルな消去法によって、自然科学は様々な成果をあげ続けてきた。

しかし私は、そもそも、こういう消去法の発想それ自体になじめなかった。

世界は、無視できない様々なファクターによって、動いているはずだ。自然現象を理解するときに、そこにかかわるファクターの数を少なくしてゆくことで、我々は何か大事なものを捨て去っているのではないか。自然科学の、粗い網の目から抜け落ちていく砂粒の中にこそ、大切なものが潜んでいるのではないか。そこをとらえない限り、人間とは何か、精神とは何か、存在とは何かという問いへの答えは出せないのではないか。生と死の意味、人生の意味とは何かという問いに対しても、答えは出せないのではないか。

私の同級生たちは、「そういうことをいくら考えても答えは出るはずはないから、自分は考えないことにしている」と言ったのだが、彼らのような態度を貫き通すことで、科学研究の頂点にまでのぼりつめた人間がいる。それは、一九八七年にノーベル医学生理学賞をとった利根川進である。彼は、生命現象や精神現象は、すべて物質の振舞いによって説明できると考える。立花隆のインタビューに答えて、彼は次のように述べている。

――遺伝子によって生命現象の大枠が決められているとすると、基本的には、生命の神秘なんてものはないということになりますか。

「神秘というのは、要するに理解できないということでしょう。生物というのは、もともと地球上にあったものではなくて、無生物からできたものですよね。無生物からできたものであれば、物理学及び化学の方法論で解明できるものである。要するに、生物は非常に複雑な機械にすぎないと思いますね」

――そうすると、人間の精神現象なんかも含めて、生命現象はすべて物質レベルで説明がつけられるということになりますか。

「そうだと思いますね。もちろんいまはできないけど、いずれできるようになると思いますよ。〈中略〉たとえば、人間が考えるということとか、エモーションなんかにしても、物質的に説明できるようになると思いますね。いまはわからないことが多いからそういう精神現象は神秘な生命現象だと思われているけれど、わかれば神秘でも何でもなくなるわけです」（立花隆・利根川進『精神と物質』文春文庫、一九九〇年、三二二～三二三頁）

生命現象や、精神現象が、物質のふるまいに還元して説明できるという考え方の持ち主なのだが、とりあえずそれが利根川の仕事上の〈信念〉であり、その信念に支えられて生命現象の研究に邁進した結果、立派な業績が上げられたということは分かる。

利根川は、さらに、世界のあり方は我々のブレイン（脳）の認識原理に依存しているのだから、「人間のブレインがあるから世界はここにある」と言えるとする。そして、人間の脳の中の物質現象を解明すれば、「どういう詩、どういうストーリーがなぜより人を感動させるのかといったこともわかってくる」と言う。

立花は、この極端な物質還元論にいらだって、次のように問うのだ。そのときの利根川の答えが見ものである。


——そうするとね、そういう認識主体としてのブレインが一切なくなってしまった世界というのはどうなるんですか。それは存在してるんですか。存在してないんですか。

「うーん、それはね、ぼくらのブレインの理解能力をこえているから、わからないというほかないだろうね。サイエンティストというのは、本質的に理解能力をこえたものや、実現の可能性がないと直感的に判断したことは、避けて通るクセがあるのです」（三二九頁）

立花が言っている、「認識主体としてのブレインが一切なくなってしまった世界」というのは、要するに、私たちが死んだあとにこの世界は存在するのかということである。つまり、利根川流の物質還元論では、「死」というものが、どのようにとらえられるのか、と聞いているのだ。

それに対して利根川は、「サイエンティストというのは、本質的に理解能力をこえたものや、実現の可能性がないと直感的に判断したことは、避けて通るクセがあるのです」と答えている。

この答えをはじめて読んだときには、私は唖然として、開いた口がふさがらなかった。でも、いま読み返すと、この人はほんとうに正直な人なんだなと感心してしまう。

この人は、自然科学の枠内で追求しても答えの出ない、そういった〈余計な問い〉をいままで避けて通ってきたので、自分はノーベル賞受賞にまで上り詰めたのだと正直に語っているのだ。

こういう人こそが、自然科学研究に、いちばん向いているのだ。

私は、そういう考え方をとれなかった。

人生の意味とは何か、私が存在するとはどういうことか、学問をやっていく意味はどこにあるのか、私はいまの生き方で幸せなのか。そういう〈余計なこと〉を脳裏から消し去ることのできなかった私は、大学の教養課程の段階で、体制科学への道からドロップアウトしていった。もちろん、そういう〈余計なこと〉を引き受けて考えつつ、自然科学の世界で成功している立派な科学者も存在するだろう。しかしそれは、やっぱり例外だと思うし、私自身はそういう器用で立派な生き方はできなかった。

いったんは自然科学への道をこころざしたのだが、しかしこのような〈余計なこと〉を脳裏から消し去ることができず、その結果、体制科学の道からドロップアウトせざるを得なかった人間は、私のほかにも、たくさんいると思う。そして、そういう人たちの一部が、オウム真理教という精神世界追求の教団へ入っていった。科学技術省に入った科学者の中には、豊富な研究費と研究の自由が魅力で移った者もいたらしい。しかし、いま述べたような道筋を辿って移ってきた者も多いはずである。

私は早めにドロップアウトしたが、村井秀夫は大学院にまで進んでからドロップアウトした。体制科学の内部で奉公した期間が私なんかよりも長い分だけ、より過激な反対方向へとジャンプしたのではないか。

6　新々宗教の「科学者」勧誘パターン

では、新々宗教の人たちが、大学で自然科学に疑問を抱きはじめた若者に、どのように近づくのかを考えてみよう。私もそういう勧誘を受けたことはあるが、もちろん自分から進んで他人を勧誘したことはないし、その手のマニュアルを見たこともないので、以下の話は私の体験にもとづく仮説だというふうに受け取ってほしい（カルト宗教の、一般人を対象とした実際の勧誘のやり方については、スティーブン・ハッサン『マインド・コントロールの恐怖』恒友出版、一九九三年、参照）。

私だったら、まず「死」の話を持ち出すだろう。

あなたは科学者になろうとしている。科学の世界の中で真理を探究し、この世界のことを解明しようとしている。しかし、科学では、たとえば「死とは何か」という簡単なことが分からない。あなたは、自分が死んだらどうなるのか、考えたことがありますか？　死んだらすべてが無になるのですか、それともどこか別の世界へと旅立っていくのですか？　ふだんは、そういうことを考えないようにしているでしょう。考えると、恐いですものね。そういうことを考えずに、目の前の楽しみを追いかけようとしていますよね。

でも、自分が死んだらどうなるかというのは、あなたにとって、とても重要なことじゃないんですか？　この世に生きているのも、いくら長くてもあと数十年しかない。それ以前に、病気や事故で死んでしまうかもしれない。いまはガンで死ぬ人がいちばん多いのですが、自分がガンだと告げられたら、あなたはどうしますか？　もうあと少ししか生きることのできない自分が、死んだらいったいどうなってしまうのか。それは、大問題ではないですか？　いつまで、自分の死から目をそらしているのですか、あなたは。

あなたが一生を捧げるつもりだった科学は、この「死」の問題について、決して答えを与えてくれません。あなたが死んだらどうなるのか、その答えを、科学は原理的に出すことができません。医学は、人間が死んでゆくプロセスがどのような生理学的なプロセスかということを、詳しく解明することができます。しかしながら、その人間が死んだらどうなるのか、死んだらどこにゆくのかということはけっして教えてくれません。しかし普通の人間がいちばん知りたいのは、人間の死にゆく生理学的なプロセスなんかじゃなくって、その人間が死んだらどうなるのか、どこへゆくのかということでしょう。そういう、我々がいちばん知りたいことに対して、科学はまったく答えてくれないのです。

考えてごらんなさい。ここに、末期ガンの患者さんがいて、その人は自分が死んだらどうなるのか、自分が死んだらどこへゆくのか、それが不安で夜も寝られずに震えています。そういう患者さんを前にして、科学はいったい何をしてあげられるのですか？　睡眠薬と精神安定剤を飲ませることくらいしかできない。その人間から発せられる魂の声に、正面から答えてあげることなんて、科学にはできない。あなたが一生を捧げようとしている科学なんて、生と死の瀬戸際にいる人間に対して、そのくらいの力しかもっていないのですよ。

あなたが一生を捧げるべき道は、科学ではなくて、ほかにあるのではないですか？　たとえば、我々の宗教は、人間が死んだらどうなるかということを、こんなふうに明快に説いています……。

ここでこころが揺れる人は、けっこういると思う。もしその人が、ちょうど学生時代の私のようにアイデンティティ・クライシスを起こしているときだったら、藁にもすがる気持ちでこの宗教に自らを託そうとするかもしれない。

自然科学によって「死」が解明できないというのは、たしかに大問題である。たとえば、脳死の議論のときに明確になったが、医学は「脳死とはどういう状態か」ということを記述できても、「脳死が人の死かどうか」ということに関しては沈黙するしかなかった。なかには、脳死は科学的に見て人の死であると断言する科学者がいたが、そのような人は科学を知らない単なる専門バカにすぎない。脳死が人の死かどうかという問題は、社会や政治や法や宗教や民俗や文化が作り上げる合意・取り決めによって答えるしかないというのが、脳死論議のいちばん妥当な結論である。そのレベルでは、自然科学の出る幕はない（拙著『脳死の人』参照）。

臨死体験についても、同じようなことが言える。近年の科学的手法を用いた臨死体験研究によって、臨死体験という体験が実在するらしいことは、ほぼあきらかになってきた。死ぬ直前に、暗いトンネルをくぐり、光の世界に吸い込まれてゆくという体験を、多くの人が共通にするらしいということが判明した。しかしながら、科学的アプローチは、そのような体験がどのような脳内過程と対応しているのかという、一種の脳科学の方向へと進まざるを得なくなっている。というのも、臨死体験でおとずれる光の世界が「あの世」なのかどうかについては、結局、自然科学はイエスともノーとも言えないからである。だから、科学としての臨死体験研究は、この世に実在する脳のプロセスへと向かってゆくしかない。そして、我々がいちばん知りたい、臨死体験であの世のことが分かるのかという問いについては、科学はまたしても沈黙するしかないのである。

さて、若き科学者に対する第二の問いかけは、「生きる意味」についてである。

自然科学は、世界の秘密を一歩一歩確実に解きあかしていく。あなたもそう信じて科学の道に入ったのかもしれない。たしかに今世紀の科学は、この宇宙のミクロな構造や、この宇宙の始まりのプロセスや、生命体の基本的なメカニズムのひとつであるＤＮＡの構造を解明した。それはたいへんすばらしいことだと言える。

なかでも、今世紀の後半から飛躍的に発展した生命科学は、いままで未知のものとされてきた生命体のはたらきのいくつかの主要な部分を解明しはじめている。今後、生命科学が、分子生物学から、全ゲノム（細胞内の遺伝情報の総体）のふるまいをも射程に入れた真の複雑系科学へと脱皮してゆくとすれば、生命の発生や進化といった生命独特の領域にも、あらたな光が当てられることは確実であろう。将来の生命科学は、脳科学をも内包しながら、生命の秘密、人体の秘密へと急接近してゆくにちがいない。

しかしながら、いくらそのような生命科学が進歩したとしても、決して答えの出ない問いがある。それは、そういう研究をしているあなた自身の生命の意味である。あなたがこの世に生まれてきたのはなぜか。そしてあなたがやがて死んでいかなければならないのはなぜか。そういう問いに、生命科学は答えることができない。そして、いまここで生きているあなたの人生の意味とは何なのか。人生の目的とは何なのか。そういう「いのち」の問い、「人生」の根本問題に、自然科学はなにも答えてくれないのである。

そういう科学というものに、あなたは人生を捧げようとしている。人生の根本問題に解決を与えてくれない科学というものに、あなたは自分の人生を捧げようとしている。これは、正しい選択なのだろうか。これは、あなた自身にとって、誠実な選択なのだろうか。あなたは、単に、自分自身の生と死の問題から目をそらしたいがために、科学者になろうとしているのではないのか？

そうすることによって、あなたは、自分がほんとうは立ち向かわなくてはならない根本問題から一歩ずつ遠ざかっていくのではないか？

あなたがいま立ち向かわなくてはならないのは、いまここで生きている自分の生命、自分の人生の意味は何かということを、自分自身でとことん解明することであるはずだ。そこを解明して、自己納得して進まない限り、あなたは偽りの人生を歩むことになる。そして、その人生の問題を解明するのは、自然科学の枠内では無理である。あなたがいま立ち向かうべきなのは、自然科学ではない。あなたが立ち向かうべきなのは、自分自身の生命であり、自分自身の人生であり、いまどう生きてゆけばいいのかという問いである。

さあ、こっちへおいでなさい。我々の宗教にはそのやり方と、最終的な答えがある……。

若者は、「自分が生きているってなんだろう」という青い、青春期の問いにいつまでもとらわれている若者は、こういう誘いに、クラッとくる。そういう問いを忘却して、すれっからしになって生きる人生の方が幸せなのか、それともここでクラッとなるほうがいいのか。

第三の問いかけは、少し角度は違うが、やはり同じところを突く。それは、「科学は、かけがえのないあなたという存在を取り扱えない」という点である。

近代の自然科学は、実験科学として大きく展開した。数学の手法によって仮説を立て、実験によってその仮説を確かめるという手続きが、自然科学の基本である。その際に重要となるのが、「追試」ができる、ということだ。つまり、誰かが確かめた実験結果は、別の人の実験によっても、同じように確かめられないといけない。何世紀も前にニュートンが実験によって確かめた万有引力の法則は、いまの日本で誰が実験しても、やっぱり同じ結果が出てくる。だから、それは科学の法則と言えるのである。自然科学の法則を確かめる実験結果は、それを確かめる人間が異なっても、あるいはその場所が異なっても、あるいはその時代が異なっても、他の環境条件が同じである限りは同じにならないといけない。昨日誰かがやった実験結果と、今日私がやった実験結果が全然違っていたとしたら、それは科学法則ではないのだ。

実験科学の新発見は、誰か別の科学者の二度目以降の実験（追試）によって同じ結果が確認された場合にのみ、正しいものとして認められる。言い換えれば、追試のできないもの、追試の実験系が組めないようなものは実験科学とは言えないことになる。

こういうふうに言うと、歴史を扱う科学、たとえば生物の進化の歴史を解明する進化生物学や、宇宙の歴史を解明する天文学や宇宙論は、実験科学ではないことになるのかという反論が出てくる。たしかに、過ぎ去ってしまった歴史それ自体を、実験によって再生したり、何度も追試することは不可能である。その意味では、これらの歴史科学は、一般的な化学や物理学とは質が違うと言える。しかしながら、宇宙論ならば、遠くの天体からの電波を観測する、その観測という行為は追試が可能である。進化生物学ならば、地層から化石を掘り起こしてその年代を決定する、その年代測定という行為は追試が可能である。ここでの追試の可能性を保証することによって、歴史科学は実験科学の枠内にかろうじて収まっていると言える。

ところが、そういった追試の実験系が原理的に組めない事象が、この世には存在する。それは何かといえば、ほかならぬあなた自身の人生である。あなたが、あるときある場所で生まれ、長い時間をかけて成長してきて、そうしていまここに存在している。そういうあなたの人生と、あなたのいまここでの存在は、ほかの誰の人生によっても取り替えることができない、まさにかけがえのないものである。あなたがこの地球上で、ある時刻に生まれ、成長して、老いて、そしてある時刻に死んでいくというこの一回限りの人生は、けっして二度と繰り返すことはできない。あなたの人生は、あなたという唯一の人間にしか開かれていないのであり、あなたはその一回限りで、ほかの誰にも追体験することのできない、かけがえのない人生を、じぶんひとりで生き切るしかないのである。その意味で、あなたの人生は二度と繰り返しがきかないし、あなたの人生はその一瞬一瞬がかけがえのない体験の連続なのである。

あなたは、あなた自身の人生を繰り返して生きることはできない。親しい人にあのひとことが言えなかったその瞬間を、あなたは二度と取り戻すことができない。あなたは、過ぎ去ったその取り返しのつかない瞬間を、ずっとひきずって生きていかなければならない。これが、あなたがかけがえのない人生を生きているということの意味だ。失ったことは、二度と取り返しがつかない。あとでそれを取り戻したとしても、それはあくまで「後での回復」でしかない。

人生には、もしもう一度あのときが戻ってきたなら、ということはない。あなたの、かけがえのない人生においては、〈もう一度同じ条件で〉試してみようということはあり得ない。それは原理的にあり得ない。

だから、あなたの人生においては、「追試」ということは不可能である。あなた自身がいま生きているかけがえのないこの人生を、もう一度追試をして確かめてみるということは、できない。

近代の実験科学は、従って、あなた自身の、この一回限りの人生というものを、取り扱うことができない。自然科学は、けっして、あなたという固有の人生を生きている、あなた自身の存在を扱うことができない。そして、あなた自身の存在の「かけがえのなさ」というものをもまた、扱うことができない。

すなわち、自然科学は、いまここで生きて、そして死んでいく我々ひとりひとりの「いのち」というものを扱えないということだ。そのひとつひとつがかけがえのないものたちが、お互いにかかわり合いながら生き死にしているということが「いのち」なのだが、その姿を自然科学はとらえることができない。なぜなら、何度も書いたように、自然科学はこの世界に起きる出来事の

「かけがえのなさ」の側面をとらえられないからである。自然科学によって把握可能なのは、いつの場合でも、追試可能なもの、すなわち代替可能で交換可能な側面だけだからである。一回こっきりが本質である「いのち」というものを、どうして自然科学がとらえられようか。自然科学で見えてくるのは、生命の、生命体としての生理的プロセスだけである。私にも、あなたにも、誰かさんにも共通に見られる、生物一般の仕組みだけなのだ、科学で分かるのは。

科学では、この一回限りの私の「いのち」というものが解明できない。この一回限りの人生を生きることの意味というものを、とらえることができない。この一回限りの人生のなかで、私がいろんな出来事に出会い、いろんな人々に出会っていくということの意味がとらえられない。一回限りのこの人生の中で、私がいまここで苦しんだり、悩んだりしていることを、そのありのままの姿で研究対象にすることができない。科学は、そういういのちの瞬間を生きている私と、共にあることができない。

いまここで生きているこの私の生命というもの、それと生《なま》に向かい合えるようなものをこそ、あなたは求めているのではありませんか。そういうものとともに、あなた自身が考え、成長し、そして癒されていくような、そのようなものがいまのあなたには必要なのではありませんか。それは、けっして科学ではありません。科学は、いまここで生きているあなたの生《なま》の存在を、冷たく突き放すだけです。

それを与えてくれるのは、宗教だけなのです……。

「かけがえのなさ」を見失っているのは、なにも自然科学だけではありませんよ。いまの社会をみてごらんなさい。誰もあなたのことを、かけがえのない人間だとは考えていません。たとえば、あなたがどこかの企業に入るとしましょう。あなたは、やがて出世して係長、課長となるでしょう。しかし、考えてごらんなさい。その企業があなたに要求しているものは、いったい何なのですか？　あなたという存在ですか？　違いますよね。企業が求めているのは、あなたの専門技能であり、仕事の能力だけなのです。その証拠に、たとえばあなたが出社途中で事故にあって半身不随になり、やむなく退社したとします。あなたの会社は、あなたという存在を失ったことによって、大混乱になって倒産しましたか？　しませんよね。ただ、単に、あなたが会社の中でしていたと同じくらいの仕事をこなす人物が、かわりにあなたの机の前に座って、そしてすべては以前と同じように滞りなくすすんでいくだけです。会社があなたに求めていたのは、あなたの技能であり、能力であり、機能なのです。それだけなのです。あなたは、会社にとって、利潤をあげるひとつの歯車にしかすぎません。壊れたら、単純に取り替えればいいのです。あなたが、よっぽどの特殊技能の持ち主でないかぎり、かわりはいくらでも見つかります。

これが、現代社会を動かしている原理なのです。あなたは、社会の側から見れば、かけがえのない存在なんかではありません。あなたは、まさに、いつでも取り替えのきく、交換可能な部品なのです。いまのこの社会、それは、「あなたなんか要らない」という社会なのです。「かけがえのないあなたなんか要らない。交換可能な部品としてのあなたなら必要だ」。そういう原理で動いているのです（ベストセラーになった鶴見済の『完全自殺マニュアル』太田出版、一九九三年は、まさにこのことを主張していた）。

これは、なにも企業の中だけの話ではありません。

いまの科学技術、とくに医療技術もそういう流れになっています。たとえば、臓器移植がそうです。臓器移植の発想というのは、身体の中の臓器は交換可能な部品にすぎないというものです。だから、臓器の調子が悪くなれば、脳死の人の健康な臓器をもらってきて、単純に取り替えればいいじゃないか、ということになります。本来ならば、臓器にだってそれぞれの個性があるわけで、そこにはその臓器をそこまで育てたその人間の歴史が刻まれているのです。でも、そういう側面を無化して、単なる無色透明の部品として流通させようという技術が進んだおかげで、いまや人体のかなりの臓器や組織が部品としてリサイクル利用されるようになりました。

科学者だって同じようなものですよ。特別の能力のある人以外は、巨大な科学研究のシステムを前進させる使い捨ての一駒として、その専門技能が利用されていくだけです。科学研究開発システムがあなたに求めているのは、ある特定の機能をきっちりと果たしてくれる、一部品としての専門職業人だけなのです。これは、あなた個人の内面の思いとは無関係に、そうなのです。

いまの教育システムだってそうですよ。生徒を管理しきって、ある一定の範囲内の品質の部品人間を社会に送り出すことが、その重要目標になっている。あなたは、中学校・高校の時に、先生から、かけがえのないひとりの生徒として接してもらっていましたか？　もし、そういう「かけがえのない人間」としての認知が、しっかりなされていたとしたら、校内暴力とか、いじめとか、不登校とかが、こんなに増えなかったかもしれないとは思いませんか？

学校にいるときはマニュアルどおりに動く生徒であるようにしつけられ、社会に入れば会社のための効率の良い部品として働くことを仕込まれ、重病や身体障害になれば見舞金とともに会社からは放り出され、人間の身体を部品の集合体としてしか見ない現代の病院のなかで、チューブまみれになって死んでゆく。これが、いまの我々の人生の姿なのですよ。

いまの社会がこんなふうになってしまったのは、ひとりひとりの「いのち」のかけがえのなさに個別に対応してゆく柔軟さを失っているからです。そして、それぞれの「いのち」の個性を圧迫するのではなく、それを逆にめざめさせて、大いなるいのちのもとに参入してゆく喜びを見失ってしまったからです。

あなたの「いのち」を抑圧して、こんなに息苦しくさせる社会って、どこかおかしいと思いませんか？　こんな抑圧的ではない、もっとひとりひとりが伸び伸びと生を送れる世界があってもいいと思いませんか？　あなたが、あなたであることを、みんなによって認められ、そういう人々のつながりの中で自己実現してゆける世界があるはずだと思いませんか？　あなたが、自分自身のかけがえのない人生を、納得して生き切ることのできるような、そういう社会。

私たちは、そういう社会を作り上げるために、日々邁進しているのです。あなたも、私たちと一緒に、もっと生きやすい社会の建設へと向かってみませんか……。

現代の管理社会の息苦しさを実感させて、そこからの解放を訴えるというこのやり方もまた、けっこう効果的かもしれない。

三種類の説得方法を述べてみたが、こういう問いの波状攻撃を次から次へと受ける若き青年の心情はいかなるものであろうか。いろんな疑問は頭に浮かぶのだが、そこで言われていることの大筋には説得力があるものだから、それらの説得を退ける決定的な反論は、なかなかできないに違いない。

ここで、ちょっと立ち止まって考えてみよう。

私が宗教家になりかわって説得してみたこれらの論理は、単なるレトリックなのではなくて、やっぱり現代科学と現代社会のもっているある一側面を、そのまま記述したものである。

だから私は、こういう説得に対して、いろんな（正しい）反論はもちながらも、全体としては頷いてしまう若者のことを、とても知的で誠実な人間であると判断する。彼らは、自分というものと、自分が生きているこの社会というものを、きちんと見ようと欲している、そしてその上で自分がどう生きるべきなのかを見出そうとしている、そういう人間なのである。オウム真理教をも含む新々宗教のアプローチに対して、まずは半歩踏み込んでしまう人々の中には、こういうタイプの知的で誠実な人間がけっこういるはずだ。

7　私が宗教を信仰できない理由

問題は、「自分が求めているのが自然科学でもないし、このような現代社会でもない」というところまでは同意できたとしても、はたしてその先の話にまで同意できるかという点である。

私は、さきほどの三種類の説得で、その先についてはひとことも言わなかった。しかし実際の新々宗教の勧誘では、その先まで言うわけである。我々の宗教の中では、みんな毎日ニコニコして喜びにあふれ、日々真理を実践していますよとか、あの世で人間は生まれ変わり、その姿は聖典にこのように描かれているとか言うわけである。どうしてそんなことが言えるのかと聞けば、さらに詳しい資料を出してきて、ここに書いてあるとか、教祖様がそう言ったからだとか、きみも修行をすれば体験できるようになるとか答える。

前にも述べたが、私はやっぱりここでつまずいた。

私がつまずいたいちばん大きな理由は、次の点にある。すなわち、現代科学や現代社会を批判するときには、様々な角度からここがおかしい、あそこが変だと論理的・実証的に積み上げておきながら、自分たちの宗教に関しては突然その懐疑実証の精神が希薄になり、聖典や教祖のことばをそのまま信じるという、その豹変の態度についていけないのだ。もちろん、聖典や教義の内部の整合性などについては、執拗なほどの論理主義・実証主義があるのだが、じゃあその聖典に述べてあるオリジナルの聖人のことばがどうして「正しい」と言えるのか、という点に関しては、突然彼らは無口になる。なぜなら、そこから先は、「信仰」の領域に入ってしまうからである。

私は、この壁を越えることができない。

冒頭でも書いたように、私は宗教を「信仰」することができない人間なのである。現代科学は、生と死の意味、人生の問題を解決することができないし、現代社会は我々の「いのち」のかけがえのなさを引き受けることがない。それらのことを身にしみて感じていて、そういう生死や人生や「いのち」の問題を正面から取り扱える、そういう生のあり方をこんなに求めているのに、私は「信仰」を核とした宗教へは入ってゆけない（私はいま、開祖や教祖をもち、聖典をもつような宗教を念頭においている）。

なぜ私がそのような宗教の「信仰」へと入ってゆけないのか。

その理由は、四つほどある。

まず、この章の冒頭でも言ったことだが、私は「絶対の真理がすでに誰かによって説かれている」という感覚をもつことができない。そういう感覚を、自分の実感としてもつことができない。そういう感覚は、どこかそらぞらしく響いてしまう。だから、絶対の真理を過去の偉い人が語ったとか、神のお告げによってそれを人々に知らせたとか、その言葉が聖典に書かれているとか、そういったことを受け入れる気持ちになれない。

第二に、宗教は「死後の世界」について断定的に語ることが多いが、私はそれを受け入れることもできない。この世に生きている人は、誰も死後の世界について断定的に語れるはずはないのに、それを臆面もなく断定的に語ろうとする、その姿勢についていけないのだ。もちろん、死後の世界についての断定的なことばを聞けば、誰だってそれにすがってみたくなる。しかし、「人が死んだらどうなるのか」という根本問題に対して、私の目から見れば根拠不足の仮説でしかないことを、あたかも真理であるかのように断定的に語るのは好きになれない。前にも述べたが、死後の世界への旅として解釈されてきた臨死体験ですら、脳科学が進めば、脳内のメカニズムによって解明可能かもしれないのだ。死後の世界があるという〈仮説〉ならば、理解可能である。しかし、死後の世界があるという〈断定〉は、とても受け入れがたい。

第三と第四の理由は、もっとも根本的だ。

例をあげるのがいちばん分かりやすい。

たとえばキリスト教では、「神がこの世界を創造したということ」は絶対の真理となっている。ということはつまり、キリスト教を信仰するものは、「神がこの世界を創造したということ」を、自分のいのちを賭けて全身全霊で本気で疑うことができないのである。なぜかと言えば、「神がこの世界を創造したということ」の真偽を積極的に疑ってみることを停止して、そのうえで、「神がこの世界を創造したということ」が正しいのだということに決めて人生をやってみようと決心するときに、その人の「信仰」がはじまるからだ。

仏教でも同じだ。原始仏教で言えば「釈迦が諸法無我の悟りをひらいたということ」、浄土仏教で言えば「信者が死んだらあの世に往生するということ」がほんとうに正しいのかどうかについて積極的に疑いを停止し、それが正しいのだということで人生をやってみようと決心するときに、「信仰」がはじまる。

言い換えれば、こういうことだ。

「神がこの世界を創造したということ」や「信者が死んだらあの世に往生するということ」は、あなたが独力で発見したことではなくて、誰か他人から聞いたことのはずである。ということは、自分の頭で考えても容易に答えの出ない問いがあったとき、それについて自分で考えることを停止してしまって、そのかわりに、誰か他人が知らせてくれたこのような解答（それは神のことばであったり仏のことばであったりする）が正しいのだということに決めて人生をやってみようと決心するときに、人は「信仰」の道に入るのだ。

私が宗教を「信仰」できない第三の理由は、世界と宇宙の成り立ち全体にかかわるこんなに根本的なことにかんして、「××こそが正しいのだ」という断定をしたり、あるいはその命題の正しさを自分のいのちを賭けて全身全霊で疑うことを積極的に停止したりするという、そのような態度をとれないからである。

私が宗教を「信仰」できない第四の理由は、このような根本的なことについて他人が知らせてくれた解答を、そのまま自分自身の解答にしてしまうことができないからである。他人のことばや思考に自分を重ねて、それをそのまますみずからのことばや思考にしてゆくことができないのだ。

以上の四点が、私にとっては最大の問題である。

そして、私と同じような問いをかかえながらも、やはり宗教には入ってゆけない多くの人々にとって、これらの点は大きな障害になっているに違いないと思う。

私は「疑いの停止」「本気で疑うことができない」ということばを使った。

これは誤解をまねきやすいので、少しだけ補足しておきたい。

まず、人が信仰の道に入るまでの長い道のりは、宗教に対する疑いだらけであったり、思索の連続であったりする。思索と疑問と煩悶の果てに、ようやく信仰に至る人は多いはずだ。宗教に入る人が、みんな思索のきらいな人ばかりであるわけはない。

人が宗教の「信仰」の道に入る、そのプロセスは様々である。思考の限りを尽くして入る人もいるし、思考のはからいを捨てて一直線に入る人もいる。

しかし、どのようなプロセスを選んだとしても、その人が宗教の「信仰」の道に入ったそのときに、その人は、絶対の真理と言われるものの正しさ、あるいはその真理をある教祖が語ったという事実の真偽に関しては、積極的に疑いを停止したはずである。そしてそれがほんとうに正しいのか、あるいは間違っているのか、自分の力では結論は出せないけれども、しかしそれが正しいということで人生をやっていこうという決意をしたはずである。

そして、その人が宗教の「信仰」の道に入ったあとでも、その信仰が揺らいだり、究極的な真理の正しさを疑ったりすることはしばしばおきる。いくら信仰心が強くても、このような疑いから完全にまぬがれられる人は少ないであろう。信じるこころと疑いとのあいだを、振り子のように揺れ動くのが人間というものである。

しかし、信仰生活から自然と湧いてくるこの種の「疑い」と、私がさきほど述べた〈絶対の真理の正しさを本気で疑う〉こととは、まったく別物である。前者の「疑い」は、信仰の決意の枠内で生まれてくる揺らぎである。しかし後者の「疑い」は、この道でやっていこうという自分の決意そのものを本気で再考することなのだ。「信仰」をしている人は、後者の疑いを、本気で行なうことができない。もしそれをやってしまったら、その宗教から抜けることになるからだ。

これが、私の言いたいことの正確な意味である。

以上に述べたような理由で、私は宗教を「信仰」することができない。

しかし私は、宗教の道に入ることなく、私が存在していることの意味や、生と死の意味や、ほんとうの自分とは何かについて、どこまでも自分の目と頭で追求していきたいと考えている。

では、それは、いったいどのような道のりになるのか。

いま言えることは、私が世界の謎に立ち向かうときに、次の四点を確認したいということだ。

（1）絶対の真理は（この私も含めて）誰によっても語られなかったし、これからも語られることはないであろうという感覚に忠実になる。あるのは解答を模索していく道のりだけだ。いくら答えが出なくても、何度でも繰り返し問い続けていく。その問いの軌跡が大事なのだ。

（2）死後の世界の存在について、断定的に語らない。それはあるのかもしれないし、ないのかもしれない。同様に、絶対者や超越者や神の存在についても断定的に語らない。それはいるのかもしれないし、いないのかもしれない。分からないことについては分からないと、はっきり言う。

（3）世界と宇宙の成り立ち全体にかかわる根本的なことがらにかんして、「××こそが正しいのだ」という断定的な態度をとらない。その命題の正しさを自分のいのちを賭けて全身全霊で疑うことを積極的に停止するという態度をとらない。

（4）それらの根本的なことがらに対して、他人のことばや思考にみずからを重ねない。自分の答えは、あくまで自分のことばと思考で見出していく。

8　「宗教性」の問題

山折哲雄は、「信仰」の世界にはいるか、そうでなければ宗教のことを「観客」として見るか、という二分法を使っていた。私はその図式を批判して、そのあいだをゆく第三の道があるはずだと述べた（「第三の道」ということばは、青山あゆみも使っている。青山あゆみ『カルトのかしこい脱け方・はまり方』第三書館、一九九五年、二三二頁）。

その第三の道の可能性がもしあるとすれば、それは次のようなものであると思う。

それは、生と死や「いのち」や存在の問題に目隠しをする唯物論の社会、科学主義の社会に異議申し立てをしつつも、それらの問題に対する解答をけっして宗教の「信仰」には求めず、そしてどこまでも思考放棄せずに、自分の目と頭と身体とことばを使って自分自身でそれらの問題を考え、追求し、生きていくという道である。そうした生と死と存在の問題の追求を、右の四つのスタンスに立ちながら、他者とのコミュニケーションを通じて、自分ひとりの責任において行ない、自分自身の生死に決着をつけていくような道である。

私はこういう知性のあり方と、そういう知性に裏づけられた生のあり方を「生命学」ということばで呼んでいる。もちろん、まだその輪郭はほとんど描けていないが、雑誌『仏教』で九五年秋（第三三号）から連載している〈現代生命学入門シリーズ〉で、じっくりと考えていくつもりでいる。私はこれを「生命学」というふうに呼ぶが、もちろんこれと同じようなプログラムをもっておられる方は、それを別の名前で呼んだってかまいはしない。

生命の問題、いのちの問題を突き詰めて考えていくと、どうしても宗教とのかかわりができてくる。というのも、なんだかんだ言っても、ここ二〇〇〇年以上、この問題をもっとも集中的に考えてきたのは、やっぱり宗教だからだ。これに関する宗教の遺産には、学ぶべきものがほんとうにたくさんある。それは、この私にだって、よく分かっている。

しかし、この現代日本において、私は宗教の道を通らずに、いままで宗教が扱ってきた問題を正面から考え抜く、そういう知性の道を切り開くつもりだ。表題の「宗教なき時代を生きるために」とは、そういう意味だ。宗教そのものは、まだまだずっと存在し続けるにちがいない。宗教には、この社会で果たすべき役割がたくさん残されている。しかし、この私にとっては、もはや宗教はない。そして、私と同じようなところでつまずいているであろう人々にとっても、もはや宗教はないのである。宗教をもはやもたない人間たちが、いままで宗教が語ってきたことにどう立ち向かえばいいか。それを考えることこそが、「宗教なき時代を生きるために」どうすればいいかを考えることにつながるのである。

確認しておこう。

私は、宗教を否定したのではない。これは誤解しないでいただきたい。宗教を求める人たちにとっては、宗教は正しく機能するべきである。宗教の中で人々が救済されることを阻む権利は誰にもない。

私が主張したのは、宗教の道を通らずに生死の問題などを追求する道があるはずだということ、そして私は宗教なしでそれに立ち向かうつもりだということ、それだけである。

また、私は自然科学を否定したのではない。これも誤解しないでいただきたい。もちろん私は現代の自然科学の負の側面について執拗に語った。それらの点は、やはり直視するべきであると思う。自然科学は、そういう負の側面を克服するために、今後、自ら軌道修正を図るべきである。しかし、そういう批判をすることと、自然科学を否定することとは全然別問題である。自然科学のおかげで、社会がいろんな面で豊かになったのは事実だし、人類はもはや自然科学なしでは成長していけないだろう。自然科学を抱えたままで、どのように現代社会を運営すればいいのかを、これから衆知を集めて考えてゆくべきだと私は思っている。

私が主張したのは、自然科学の中では解答の出ない問題があって、私はそれを正面から扱えるような学問を模索してゆきたいということだ。それはたぶん、いまの自然科学とは異なった学問になるだろうが、それでもそれを模索したいのだ。

要するに、自然科学も宗教も否定しないが、自分自身はその両者のどちらにも頼らないような第三の道を創り出してゆきたいということである。もちろんそれは、私ひとりでできるわけはないし、人間の一生の時間の長さでできるわけもない。でも、私はそちらに向かうということだ（拙著『脳死の人』でも同じことを語った）。

こういうふうに宣言すると、それに賛同する人たちが集まって組織を作って活動していけば、結局、それは宗教と同じことになってしまうのではないか、という指摘を受けることがある。たしかに、そういうやり方をとってしまえば、それは自らが放棄したはずの宗教と同じ道を、結局は歩んでしまうことになる危険がある。

ただでさえ、私のいままでやってきたことは「宗教」に間違われてきたのだから、そういう誤解のもとは、はやめに絶っておかなければならない。第一作『生命学への招待』を出したときも、「本人を知るまでは天理教の本かと思っていた」と言われたことがある。

だから、「信仰」に基づかないこのような試みは、それぞれがひとりでものを考えることを基本とする、孤独な作業にならざるを得ない。そういう孤独なスタンスで考え、実践していく個人たちが、おたがいに知恵を交換しあい、学びあってゆくようなネットワークを、ゆるく作り上げること。けっして同志が結束して組織を作り上げたり、団結したグループを形成したりしないことが重要だ。そして、カリスマ的な人の言うことが絶対だとか、そういう人の言うことを信仰するだとか、そんなことが起こらないようにいつも注意を払っておかなければならない。

そういうネットワークとの交信に支えられながら、いまここで生きている自分の生死の意味と、自分が生きている社会や世界や宇宙の姿について、自分の目と頭と身体とことばで考えを深めてゆくこと。それが私の考えているイメージ。

よく言われることだが、「宗教」と「宗教性」とは異なる。

ここでの「宗教」とは、教祖と教義と教団活動などが総合された運動体のことであり、「宗教性」とは、生死とは何か、死んだらどうなるのか、なぜ私は存在しているのかと言った、人間の生命の本質に関わる宗教的なテーマのことである。

私がいままで繰り返しこだわってきたのは、この「宗教性」のことである。いまここで私が生きている意味とは何か。死んだらどうなるのか。私が存在しているのはなぜか。よい人生を生きるとは何をすることか。

「宗教性」ということばを使うと、なんだか難しそうだが、そんなことはない。たとえば、私はいまここにこうやって生きている。あなたもまたいまそこに生きている。じゃあ、どうして私やあなたは、いまここに存在しているのだろう。長い宇宙の歴史の中で、なにもいまこの時代この時刻に、この地球上に存在しなくてもぜんぜん構わなかったはずだ。でも、いまという時代に存在している。考えてみれば、これは奇跡としか言いようがない。あるいは神秘としか言いようがない。こういうところにあらわれてきているもの、それが「宗教性」である。

こういった「宗教性」の問題に、私はずっとこだわってきた。

そして、いま私が言いたいのは、「宗教性」の問題は、「宗教」によらなくても追求できる、ということだ。「宗教」なしでも、それらの問題を考えていくことはできるはずだ。「宗教性」の問題を、信仰への道をたどることなく、前記の四つのスタンスに立って、自分なりに最後まで追い求めていくこと。その方法は、いつかきっと見つかるはずだ。

宗教なき時代を生きるためには、宗教に頼ることなく、そのうえでみずからの宗教性に立ち向かっていくことが必要となる。同じような道を歩む人たちのゆるやかなネットワークにささえられながら、自分の目と頭と身体とことばで、最後まで思考放棄せずに世界の姿の探索と自分の生死の意味をどこまでも追求してゆく。

それは、自分が、どこまで「孤独」に耐えられるかという闘いでもある。もちろん人間は完全な「孤独」では生きてゆけない。人間は、いろんな側面で、他人に寄り掛かり、助けてもらってはじめて生きてゆける。徹頭徹尾「孤独」な状態で生きていけるほど、人間は強くはない。しかしながら、世界の姿の探究と、自分自身の生死の意味の探究に関しては、私はそれをすべて最終的には自分自身で引き受けて遂行しようと考えている。この点に関しては、最後の最後まで孤独な闘いを続けたいと思っている。それは、そういう問いかけが深まっていったぎりぎりの地点において、私は世界とひとり孤独に立ち向かうしかないということを意味している。宗教の道に入ることを拒む以上、私は究極の最後の地点において徹底的に孤独でしかあり得ない。そういう孤独への決意を胸に秘めた人間たちが、その孤独の、暗黒の闇の底から、かすかな電波を出しあって、ネットワークの中で緻密に触れ合っていくこと。それが、この、「宗教でもなく／科学でもない」真実追求の第三の道の、ひとつのあり方だと私は思っているのである。

9　あなたへのメッセージ

自然科学に惹きつけられながらも、自然科学はみずからの骨を埋める場所ではないと、こころのどこかで思っている人がいる。あるいは、現代の巨大組織のなかで日々忙しく働きながらも、自分が本当にしたいのは、こういう歯車として立ち回ることではないと思っている人がいる。ふだんは生活のなかに忘却しているけれども、自分が生きている意味は何か、この世界は私にとって何なのか、そういう問いが気になって仕方のない人がいる。

そういう人たちにとって、宗教はひとつの選択肢となり得る。

しかし、それらの宗教が指し示す「信仰」に乗れないがゆえに、自らの魂の行き場を失っている人がどのくらいたくさんいることだろうか。

私もまたその中のひとりである。

私は、この社会の穴ぼこの中でひっそりと生き続けているにちがいない、それらの人々に向かって呼びかけたい。

唯物論にも陥らず、かと言って「信仰」にもとづいた宗教の道にも入らずに、それらの問題を自分自身の目と頭と身体とことばを使って最後まで探究してゆく、そういうやり方があるはずだ。人生は短い。それらの問いの忘却によって、短い人生を潰してしまうのではなく、生きているあいだをかけて、何度も何度も自分のペースでそれらの問いを繰り返し問いつめていく、そういう道があるはずだ。

私は、そういう道を、私なりに模索してゆく。

だから、私と同じような問いに悩み、それらの問いをかかえたまま、どうしていいのか分からなくなっている人たちよ。あなたもまた、自分自身の足場と、自分自身のペースでもって、それらの問いにどこまでも立ち向かってもらいたいのだ。

こういう問いをかかえたまま生きていかねばならない人間は、孤独だ。

しかし、その孤独こそが、これらの問いへの第三の道をひらいてゆく決定的な鍵になるのだ。

これらの問いの重さに苦しくなって、耐えられなくなった人たちを、誰かカリスマのもとに集合させてはならない。それは、いつの日か、それらの問題を自分自身で考えるのではなく、誰か他人に考えてもらってその蜜だけを味わうという、責任転嫁の共同体へと変質してしまうであろう。ちょうど、オウム真理教の共同体がそうであったように。

だから、これらの問題を自分自身で探究してゆく私たちは、そのひとりひとりが自分だけの足で立つ、孤独な人間でなくてはならない。

しかし、ひとりだけでそれらの問題と対決するのは、耐え難いくらい苦しいことである。こんなに苦しいのなら、こんなことを考えるのはもうやめにして、やっぱり日々の仕事や遊びに我を忘れていた方が楽でいい。そう考えたくなるのは当然だ。人間である以上、当然のことだ。

だから、私は呼びかけたい。

孤独にこれらの問いに取り組もうとしている人たちよ、そのお互いの孤独の地平から、かすかな電波を交信し合おうよ。私たちの存在それ自体は、交わり合うことはないだろうし、また、簡単に交わり合ってはいけない。そのかわりに、何かの機会に、お互いの思索と行為と自己表現の一端を、かすかな電波に乗せて発信し合おうよ。こんな問いにとりつかれて、それでも生命をかけて立ち向かおうとしているのは、あなただけではないんだと、メッセージを送り合おうよ。

そうすることによって、私はあなたをほんのすこしだけ勇気づけることができるかもしれない。私はあなたのことを、けっして背負ったりしない。私は私の重さだけで、せいいっぱいだ。しかしそのかわりに、私はあなたを、この遠くから、すこしだけはげましてあげることはできる。そしてあなたもまた、この広い世界のどこかにいる、別の同じような人間を、はげましてあげることができるだろう。

そういうはげましあいと、勇気づけのメッセージによってゆるやかに結び合わされたネットワークこそが、こういう問題にひとりで取り組もうとしている匿名の人々をこの世界につなぎ止める、ささえあいの装置となるのではないだろうか。

私のこの声が、いったいどこまで届くのか、いまの私にはまったく分からない。

それでも私は、いまここにメッセージを発信したい。

人間は孤独だ。しかし人間を孤独な状態のままで結び合わせることはできる。そしてそれこそが、宗教によらない、あらたな人と人とのつながりあいかたを準備するのだ。お互いに、相手の重さをけっして背負うことなく、そして親密な共同体や組織を作ることもなく、しかしやさしさと節度ある勇気を示し合えるような、そういうかかわり方があるはずだ。

そういう未来を、私たちは作り上げていけるはずだ。

第二章　神秘体験とは何か

1　神秘体験が意味するもの

　オウム真理教の若者の中には、麻原教祖の空中浮揚の写真を見て、自分もあんなことができるようになってみたいと思って入信した人がけっこういるらしい。そんな人たちを見て、あれは単にジャンプしているだけだよとか、空中浮揚なんてあるわけがないじゃないかとか、あんなものを信じられるとはなんてバカなんだとか、どうして空中浮揚なんかしてみたいのとか、そういうふうに揶揄する人々がいる。

　空中浮揚なんかにだまされた、うぶな若者たちという総括の仕方を聞くたびに、私は何とも言えない腹立たしさを感じてしまう。なぜなら、私自身が、あの麻原教祖の浮揚写真が最初に書店に出回ったときに、ドキッとして、その本を立ち読みしてしまった経験があるからである。さらに言えば、私はそれ以前から、超能力にはとても強い関心をもっていた。人間は誰でも、隠れた超能力をもっていて、一大ピンチに直面したときとか（火事場の馬鹿力）、きちんとした技法によってその力を引き出したときには、それが超能力となってあらわれ出るのだと考えていた。

　ヨーガの技法によって空中浮揚ができるようになるということを最初に言い出したのは、オウム真理教ではない。たとえば、同じくヨーガの技法にもとづいた修行を行なう超越瞑想（ＴＭ）の人たちも、ずっと前から、修行がすすめば空中浮揚ができるようになると言っていた。

　超越瞑想とは、一九六〇年代にインドからアメリカに渡ったマハリシ・マヘーシュ・ヨギが、アメリカを中心にして世界に広めた、ヨーガ系のカルト宗教である。一九七〇年代には、スポーツトレーニングなどにそのヨーガのテクニックが取り入れられたりして、勢力を伸ばしていった。

私が超越瞑想の存在を知ったのは、たぶん一九七〇年代の終わり頃だったと思う。なにかのテレビで、超越瞑想をやっている日本人の女性が登場して、ＴＭテクニックのすばらしさを語っていた。インタビューのなかで、その女性は、ＴＭをやっていると、空中に浮かぶことができるようになると答えた。インタビュアーの、あなたもできるんですかという質問に、彼女は笑って、けさもベッドの上で脚を組んだまま浮かんできました、と答えたのだった。

超越瞑想のテキストを読むと、空中浮揚と呼ばれるもののほとんどは、ジャンプであるということが分かる。しかし、脚を組んだまま、ふわーっと浮き上がることが、まれに起きるという主張を、否定するのは難しい。「私は知人がふわーっと浮き上がるのをこの目で見た」という人が現われたときに、それを否定するためには、あなたが見たのは幻覚であったか、あるいは、あなたは私に嘘をついているのだということを証明しなければならない。しかしそんな証明はできるはずがないので、結局水掛け論に終わってしまう。ジャンプで浮揚写真をとれるという事実があったとしても、空中浮揚がすべてジャンプであると証明されたことにはならない。ここに、超能力を議論するときの困難がある（たとえばリラックスした姿勢で、地上一メートルまで飛んだように見える、成瀬雅春氏の空中浮揚写真をどう考えればいいか。〔成瀬雅春『空中浮揚』出帆新社、一九九二年〕）。

オウム真理教を否定する人たちは、あの空中浮揚はインチキだったとか、修行によって得られる神秘体験はすべて薬物による幻覚だったとか、そういうことを声高に主張する。そして、空中浮揚なんてものは存在しないのだし、超能力もないのだし、そういうものによって簡単に騙されるあなたの知性の方に問題があるのだ、と言わんばかりの報道が続いている。

マスコミの論調を見ていると、結局あそこで行なわれていたのは、狂気の教祖に導かれた、情報遮断と薬物投与による集団的洗脳およびマインドコントロールだということになっている。

たしかに、その認識が大枠において正しいのは、認めざるを得ない。数々の事実は、そのことを示している（とくに死と地獄の恐怖を植え付けることによるマインドコントロールはすさまじい。江川紹子『救世主の野望』教育史料出版会、一九九一年／江川紹子『「オウム真理教」追跡二二〇〇日』文藝春秋、一九九五年／スティーブン・ハッサン『マインド・コントロールの恐怖』恒友出版、一九九三年／滝本太郎・長岡辰哉編著『マインド・コントロールから逃れて』恒友出版、一九九五年／オウム真理教信徒救済ネットワーク編著『マインドコントロールからの解放』三一書房、一九九五年、等参照）。

しかしながら、この事件を、そういう形で〈総括〉するのは間違っていると思う。というのも、そのような総括では、オウム真理教事件が投げかけている、とても大切な、いくつかの根本問題が見えなくなってしまうからである。

そのうちのひとつは、超能力や神秘体験をどう考えればいいのかという問題であり、もうひとつは、そういった体験を共有する集団の中で、なにが起きるのかという問題である。

どうも、世間の論調は、これらの点を避けて通りたいらしいのだが、それだけではすまない。超能力や神秘体験と言われるものと、我々自身との関係について、もっと深く考えておくことが必要だ。

立花隆は、オウムの初期の幹部たちが、修行によって実際に神秘体験を経験していたと推察している。それは、いわゆる臨死体験と同じようなメカニズムで生じる。立花は、信者たちの神秘体験を記した原資料を読んで、次のように言う。

［石井久子の：森岡註］こういう記述は、他の宗教の神秘体験とも、臨死体験の「光の体験」とも、実によく一致しています。

他の幹部たちの手記を読んでも、彼らが相当に厳しい修行を積んで、さまざまの神秘体験をしているということがわかります。体外離脱もあります。彼らがアストラル・トリップと名づけている、異次元の世界に入っていって、過去や未来、あるいは地獄や天界などを見て歩くという体験もあります。あるいは、有名になった空中浮揚というのもあります。（立花隆「オウム真理教にみる『宗教と殺人』」『週刊文春』一九九五年七月二〇日号、一五六頁）

そして、こういった神秘体験に裏づけられていたからこそ、彼ら幹部は何のかかわりもない人々の殺害という極限の犯罪を実行できたのだと述べている。

宗教における神秘体験の効果というのは、非常に強いものでして、オウム以外の宗教でも、そういう体験をすると、この宗教は絶対的な真理であると固く信じこんでしまうんですね。

オウムの強さはここにあるんです。殺人の実行犯に走った上級幹部たちは、そういう神秘体験をもとに麻原を本当に神格化してしまっているから、人間を殺すことすら、神様の命令と思って、その当否を自ら問うことなく、それは正しいことと信じきって実行してしまったんですね。（一五六頁）

オウム真理教事件の背景に、「神秘体験」が存在しているのは確実だと私も思う。神秘体験が意味するものについて、もっと深く掘り下げてみなければならない。それを、いまここで生きる自分自身の問題として掘り下げてみたい。

この章では、これらの点について、力の及ぶ限りの探究を試みる。そしてその探究は、本書のテーマである「宗教なき時代を生きるために」という課題とも、ふかくかかわっているのだ。

2　「私が変われば世界が変わる」という考え方

私は超能力がほしかった。私は神秘体験をしたかった。そして私は、悟りというものを得たかった。永平寺の修行僧の生活を描いたドキュメンタリーで、外国から来た修行者が「どうしてここに来たのか」と聞かれて、悟りがほしいからと答えていたのを思い出す。悟りがほしいという、その気持ちを、私はありありと理解できる。そして私は、悟りがほしいというその気持ちの延長線上で、超能力もほしいと思っていたし、神秘体験もしたいと思っていた。

今回の事件を考えるときに、超能力や神秘体験の問題を回避していくような風潮があるが、それは我々自身の内部に潜んでいる「超能力がほしい」「神秘体験をしたい」「悟りを得たい」という願望の存在に、目を閉ざしてしまうことにつながる。それらに目を閉ざす限り、オウム真理教のようなカルト宗教の起こした事件の意味を、正面から受けとめることはできない。

それらの願望を胸に秘めて入信してくる人々がたくさんいたからこそ、そして幹部の人々はそれなりの神秘体験を麻原教祖から与えられていたからこそ、オウム真理教という閉鎖集団はここまで極端なことをしてしまったのだ。

では、超能力や神秘体験や悟りがほしいという願望を、我々がもってしまうその理由は、いったいどのあたりにあるのだろうか。自分自身のことを振り返りながら考えていきたい。

神秘的なもの、この世ならざるものに強い興味を示す人はたくさんいる。

私もまたそういう興味をもっていた。

この世界の背後には、ふだんは知ることのできない何か神秘的な空間があって、この世界はその背後世界の法則によって、実はあやつられているんじゃないだろうか。若いときには、そういう感覚をもっていた。その背後世界の法則が、ノストラダムスだったり、霊界であったり、地球生命圏（ガイア）であったりしたわけだ。

だから、まだほとんどの人が気づいていない、そういう背後世界の秘密について知りたい、そういう知的な欲求があったと思う。この世界の表面からは隠されているから、普通の生活をしている人たちには見えないのだが、実はその背後にとても重要な秘密が隠されていて、この世界はそのルールに従って動かされているのだ。そして、選ばれたごく少数の人間たちだけが、その秘密を知っている。彼らは、分かりあえる人たちだけに、その扉を開いている。私も、彼らに教えてもらって、その背後世界の秘密へと迫ってゆきたい。そういう思いがはっきりとあった。

もちろん、いま言ったようなレベルでは、その欲求はまだ「自然科学」の探求心とほとんど変わらない。前にも書いたように、私は自然科学者をめざしていた。自然科学、とくに物理学などは、この世界の現象を背後からあやつっている、目に見えない物理学の法則を、数学と実験設備をつかって解明し続けていくプログラムだから、その点では、神秘的なものの探究とほとんど同じである。たとえば、素粒子論のさらに先で展開されているクォーク理論や、量子色力学などになると、もうそれ自体は直接観測の網の目にかからないものを扱っているわけだから、数学を使った神秘体験研究みたいな世界へと入り込むのである。物理学と神秘主義の垣根は、思われているよりも低い。

だから、物理学をめざしていた私が、同時に、神秘体験や超能力などの背後世界の探究に興味を示したとしても、なんの不思議もない。そして、なぜかは分からないが、体制科学の内部ではそういう超常現象研究はタブーになったままだから、しかたなく、そういう現象を堂々と語っているオカルト業界へと目を向けるはめになる。

ただ、そういうオカルト業界での神秘体験の説明は、いかにもインチキくさいというか、あまりにも稚拙で自分勝手なところが多すぎるので、そういう説明にも満足できない。しかし、超常現象や、超能力などにかんしては、もっとまともな解釈があり得るはずだという気分は、ずっと持ち続けていた。

私のなかを振り返ってみると、神秘体験や超能力などに興味をもちつづけたその第一の理由として、「この世界を動かしている未知の力や法則についてはっきりと知りたい」という知的欲求があったのは確実である。そう思った背景には、やはりいまの科学が、この世界の真実をきちんと把握できていないのではないかという思いがあった。いまの科学では、だめなんじゃないだろうか、そういう感覚があったのだ。

しかし、ここで確認しておきたいことがある。それは、いま述べた、「この世界を動かしている未知の力や法則についてはっきりと知りたい」という知的欲求それ自体は、けっして間違ったものではないということだ。自然科学も含めて、学問をつき動かしている根本動機は、いま述べたような種類の知的欲求である。そういう欲求に動かされて、カルト宗教に入っていく若者たちの知性を、学者は責めることはできないはずだ。

神秘体験や超能力に惹かれていく人間に、そういう未知なるものへの探求心があるということは、強調しておいてよい。彼らは神秘の前で知性を失ったのではなく、逆に、神秘をとことん探究したいという知性と欲求にとりつかれているのである。

もちろん、それだけではない。

神秘体験や超能力をほしいと思ったもうひとつの理由は、当時私が置かれていた閉塞した状況を突き破って、自分自身のあり方を変えてみたかったからである。ちょうど、さなぎが殻を破って蝶になるように、それらの能力を身につけることで、もうひとりの別の自分へと脱皮したかった。身体の中に未知のエネルギーが湧いてきて宇宙と交流できるというような体験をすることによって、自分をあらたな世界へと押し上げたかった。スプーン曲げのような、他人にまねのできない超能力を身につけることで、未開発の自分の能力を引き出し、あらたな自分へと脱皮したかった。

大学生の頃、私はアイデンティティ・クライシスに陥っていた。自分の進むべき進路も分からず、そして自分がいったい何をやりたいのかも分からず、ただ日々の快楽のみに走って生きていた。自然科学者になる道は絶たれ、文学部に進んでも、さらにその先の大学院にまで進学できる望みはほとんどなかった。かといって、教職課程の単位を取ることもせず、企業まわりもせずに、ただぼんやりと暮らしていた。

そんな私にとって、神秘体験や超能力を獲得すれば自分が大きく変わるかもしれないというのは、やはりひとつの希望だったと思う。いまの自分は、何かの不運なめぐり合わせによって閉塞状況に置かれているが、これはほんとうの私の姿ではない。私に、あと何かもうひとつ力が与えられれば、私はいまの自分を変容させて、いまぶちあたっている壁を突破できるかもしれない。そういう力を、こころのどこかで望んでいた（オウム信者の中にある同様の思いについては、江川紹子『救世主の野望』教育史料出版会、一九九一年、二一三〜二一五頁参照）。

オウム事件で有名になった「ステージが上がる」という感覚も、もしそれがここで述べたような「新しい自分へと脱皮する」という意味だとしたら、私にはよく分かる。マスコミは、その表現を、教団の中で地位が上昇すること、すなわち会社のなかでの係長から課長への肩書きの上昇という比喩でとらえているが、そういった外面的なヒエラルキーの話だけではないと思う。あらたな次元へと突破して、自分そのものが変容して生まれ変わるという内面的な意味が、そこにはこめられていたと思うのだ。

だから、オウムの内部も序列社会であり、外部の偏差値社会の構造をそのまま反映しているだけだという批判は、一面的であるかもしれない。ステージが上がるというのは、肩書きが上がって部下が増えるということだけにとどまらず、自分自身が、以前の自分とはちがったあらたな自分へと生まれ変わることでもある。そんな意味づけがなされていた可能性もある。

あらたな自分へと生まれ変わりたい。そういう願望を、私は強く持っていた。

私が変わることによって、私を取り巻いているすべての状況が変わるのではないか。ちょうど、強度の近視だった人がコンタクトレンズをはめたときに、世界の風景が一変するように、私の内面が変わることによって、いま私を取り巻いている世界の風景が大変化するのではないか。そういう期待があった。

「私が変われば世界が変わる」「私が変われば地球が変わる」。これが、八〇年代日本にあらわれてきたエコロジー運動の、代表的なかけ声のひとつであった。そういう同時代の潮流に、私もまた、のみこまれていたのであろう。

学生運動の敗退とともに、若者の視線は内向しはじめる。学生運動のときには「社会を変えれば世界が変わる」と思っていた人が多かったにちがいない。しかし、社会改革運動としての学生運動が消滅してからは、こういう考え方もまた主流ではなくなった。そのかわりに出てきたのが、「社会」を変えるのではなく、「私」を変えようという思想である。自己の内面を変えることによって、世界を変えていこうとする。「私が変われば世界が変わる」とはそういうことだ。

そういう自分の内面の変革をめざして、ある人々は自己改造セミナーやセラピーへと走り、そしてある人々はオウムのような新々宗教へと走った。私もまた、その一歩手前までは行った。自分が変われば、いまの自分をとりまく状況も変わって、そこから脱出できるかもしれない。そうやって自分をどんどん高めてゆけば、いままで知らなかったあらたな世界が開けてくるかもしれない。そういう「変容願望」と「脱出願望」が、私のなかにはたしかにあった。

さらに言えば、そういう願望をささえるもうひとつの感覚があった。それは、何か大きなものによって、この私が包みとられたい。そしてその抱擁のなかで、その大きなものと一体となってこころを休め、自分をその大きなもののなかへと消してゆき、そこでやすらぎと癒しとを得たいという感覚である。私を超える大きなものによって、この私を、やすらぎの世界に運んでいってもらいたい。そういう思いがあった。修行によって得られる神秘体験によって、そういう境地に達するのではないかと考えていたのだ。

3　悟りへのあこがれ

「悟りたい」と思ったのには、これとはまた別の理由もある。

私は、私がどうしてこの世に生まれてきたのかを知りたかった。私が生きている意味というものを知りたかった。そして、私が死んだらどうなるのかを知りたかった。とくに「死」は最大の恐怖と不安であった。死のことを考えると眠れなくなる。それはいまでも同じではあるが、当時の方がもっときつかった。

死のことが頭から離れなくて不安にさいなまれているとき、私は「どうせ人は死ぬんだから、この目の前の一瞬一瞬を楽しんで精一杯生きなければ」というふうに自分に言い聞かせて、不安をとりのぞこうとした。それが根本問題の先延ばしにすぎないことは、頭では分かっていたのだが、そういう姑息な手段を使うしかなかった。そうやって、目前から死の影を追い払うことしかできなかった。

仏教の本には、修行をして悟りを開けば、死の悩みが消えてなくなると書いてある。死の恐怖から完全に抜け出せる方法は、悟りしかないんじゃないか。そう思った。仏教の基本教理によれば、我々が死を恐れるのは、「死」というものがあると思っているからである。ところが、そう思ってしまうのは、我々が迷っていて、世界を正しく見ていないからだ。迷いを抜け出して、悟って、世界を眺めれば、そこには生もなく死もない。死がないのだから、死への恐怖もまたない。そういうことが分かるようになる。

この考え方には、それなりの説得力があった。生死があると思うのがまちがっているというラディカルな発想は、私を強く惹きつけた。仏教の修行をすれば、そういう悟りにたどり着けるのだろうか。修行をしなくても、それが分かる方法はないのだろうか。ただ、その発想は分かっても、そこから先に進むのはむつかしい。仏教では、悟りを本当に開いたのはお釈迦様だけだとも言われているし、その後、悟りを得たと自称している人の数もそんなに多くない。その中のひとりに、ほんとうに私は加われるのだろうか。日本仏教になると、例の「信仰」が幅をきかすようになるから、とても私は参加できない。浄土仏教なんかだと、死んだらあの世に往生すると言っているが、それは原始仏教の死の考え方とは違うんじゃないのか。そういう難問が次々と出てきて、そこから先へは、もう進めなくなる。

でも、私は悟りがほしかった。鈴木大拙の本を何回も読んだりした。禅仏教のものを読んでいると、ようするに、世界を見ているこの私の認識の枠組みがパラダイム・チェンジ（根本的な変化）してしまえば、悟りに達するのだと言っているように見える。そういうふうに解釈された禅は、とても分かりやすかった。「私が変われば世界が変わる」と同じことである。そういう悟りを得るためには、まず座禅をする。呼吸を整えて無我の境地になる。自分なりにちょっとだけやってみたりした。

それを続けていると、たしかに、世界の見え方が一変する瞬間が来るときがある。私の場合は、座禅しているときではなく、なにげなく道をひとりで歩いているときに、そういう天地がひっくり返るような体験が襲ってきた。これが、悟りというものかとも思ってみたりした。しかし、それは当然、悟りではなく、やっぱり私は死の恐怖に襲われる。

私が悟りをほしかった第一の理由は、死の恐怖をなんとかしたかったからである。悟りを達成して、死にいっさいおびえることなく、生を過ごしていきたいと願っていた。しかし、実際に仏教の扉を叩くことはできなかった。私は「信仰」の道には入れなかったし、実際の仏教は、「いまから悟りたいから」という若者のナイーブな望みを受け入れてくれる雰囲気にはなかった。

悟りがほしかった第二の理由は、悟りによって、この世界の真実の姿をどうしても認識してみたかったからである。悟りの体験をすると、自己と世界が別々であるとか、自己と他者が別々であるというような、そういう世俗的な誤った見方から解放され、自己と世界、自己と他者のあいだにはなんの境界もないという融通無碍なる境地を得ることができると本には書いてある。生も死もないのだという、生死を超越した真実の世界観を持てるようになると書いてある。

私は、そういう世界観を知りたかった。悟りによって開かれるという、すべての境界線もこだわりもなく自己と世界がダンスしている、そういう世界をどうしても見てみたかった。もし、そういう世界が開かれてくるのなら、私は論理によって思考していく哲学というものを捨ててもかまわない、とさえ思った。この鬱屈した限界だらけの世界ではなく、まったく別の見方で、この世界を再構築したかった。そういう世界への扉を直接開くという意味では、悟りの方が、哲学よりもまさっているのだと思った。

4　力への欲望

神秘体験や超能力や悟りがほしかった理由を、三つほど述べてきた。

しかし、自分の内面を振り返ってみると、その奥底には、さらにもうひとつの大きな動機があることに気づく。これに言及するのはとても苦しいが、でもやっぱり書いておかなくてはならない。

私の奥底にあって、私をもっとも強くつき動かしていたのは、力がほしいという願望だった。いまよりも、もっともっと力がほしい。あふれるような力を身につけることによって、いまよりもずっと巨大な存在になりたい。大きな大きな存在になって、世界を見おろしてみたい。そういう願望が、私のこころの底にはっきりとあった。

そういう、力へのあこがれ、権力へのあこがれが、私を神秘体験や超能力や悟りへとつき動かしていったのである。

大学生のとき、私はなんの力ももっていなかった。肉体的にも貧弱だったし、社会的な影響力ももちろんゼロだった。社会から見れば、私の存在なんか「無」にすぎなかった。力がほしい、大きくなりたい、という願望を内に秘めていた私にとって、それはほんとに残酷な環境だった。体制科学や大学院への道もほとんど開いてはいなかったから、そういう現実社会のヒエラルキーをのぼっていくことで願望を達成するという可能性はなかった。

外部の社会でそういう願望を満たす道がなくなった私は、その可能性を自分の内面へと向けた。社会のなかで大きくなれないのなら、この自分自身に大きな力をつけることで、大きくなっていこう。そうやって、力をもった巨大な存在になり、他人を見おろしてやろう。そういった情念がわいてきた。

この、力がほしいという願望を、さらに詳しく考えてみたい。

それはまず、この自分自身が大きくなりたいという願いとなってあらわれる。いまの自分よりも、もっと強い力を出せるようになりたい。私は、もっと強く、大きくなりたい。そして自分の身体をもっと拡大させたい。拡大させて、自分の身体の中に強大なエネルギーをたくさん取り込みたい。そして、取り込んだエネルギーを内部で熟成させてから、外へと一気に放出させる。そのときに私は大きな力を外部に向かって発射することができ、私は自分のパワーをみんなに見せることができるはずだ。このような身体感覚にもとづいた巨大化願望というものが、たしかにあった。

私が巨大化することによって、私の肉体的・精神的な力も増大するはずだし、いろんな面での能力もまたアップするはずだ。いままでできなかった、たくさんのことができるようになる。いままで不可能だったことを、ここで一気に取り戻すことができる。

腕力を使わずにスプーン曲げをできることは、私にとっては、そういう能力を身につけて自分自身を巨大化させ、いままで不可能だったことを可能にしてみせるということであった。空中浮揚も同じである。いままでできなかったこと、それも他の一般人は誰もできないことを、この私がやってみせるのだ。

それだけではない。スプーン曲げが人前でできるようになれば、私は他人から注目を浴びることができるじゃないか。驚嘆のまなざしで、眺められるじゃないか。そんなふうに、他人からの注目を浴びてみたい。そういう望みも出てくる。

そして、たぶん、そういう超能力を身につけることができたときはじめて、私はあらたなアイデンティティを獲得できると、こころのどこかで考えていた。体制科学への道を放棄し、アイデンティティ・クライシスに陥っていたこの私が、スプーン曲げをできるようになることで、あらたなアイデンティティを獲得できるはずだと、たしかに思っていた。常識のある読者ならば、こういう考え方を一笑に付すだろう。「そんなの、子どもの妄想じゃない」。私はそれに反論しない。たしかにそれは、まだ未成熟な精神をかかえた青年のもつ、子供じみた妄想だったとも言える。

しかし、そういう妄想をもたざるを得なかった人間がいたという事実まで「一笑に付す」のはまちがっていると思う。なぜ、あのときの私が、そういう妄想にすがりつかなければならなかったのか、そこを掘り下げて考えていくべきだからである。

たとえば、元自衛隊員の元オウム信者は、インタビューに答えて次のように語っている。

「自分は小さいときから強くなりたかったんですよ。強くなって乱れた世の中をなんとかしたい、と考えていたんです。ヨガを修行して超能力の獲得を目指したのも、自衛隊に入隊したのも共通の根っこでした。この国を守りたかった」（石川清「ＬＳＤの超越体験と水銀の錬金術」『別冊宝島二二九・オウムという悪夢』一九九五年、一二一頁）

彼の超能力への傾倒の動機は、自分が「強くなりたかった」というものだ。強くなって、この国を守るんだというアイデンティティが目指されている。こういう事実を、しっかりと把握しなければならない。超能力を求める人たちがもっている、こういった巨大化願望を理解しなければならない。

さて、そのような巨大化願望は、いわゆる権力欲へとつながっていく。

私は、はっきり言おうと思う。超能力や神秘体験や悟りに惹かれて宗教に近づいてくるある種の人間たちのこころの中には、権力欲が潜んでいる。本人ははっきりとは意識していなくても、近づいてきたその動機を冷静に分析すれば、そこに権力欲が存在していることが分かるはずだ。

その権力欲とは、それらの能力や体験を身につけることによって、他人よりも上位に立ちたいと思い、それらの能力や体験をもっていない人々を見おろしたいと願い、そしてそれらの人々を支配し、操作し、教育し、導き、救いたいと考えるような欲望のことである。その基本にあるのは、この私が川の上流に立ち、下流にいる人々に向かって手をさしのべたいという身体感覚である。

たとえば神秘体験をしてみたいと思う人間がいたとして、その人のこころのどこかには、「他の人がほとんどしたことのない」神秘体験というものを、この自分が体験してみたいという感覚があるはずだ。それはちょうど、他の人がほとんどもっていないスウォッチのモデルを、この私の腕にはめてみたいと思ってしまう、そのときのこころの動きと同じである。要するに、そういう体験をすることによって、この私が、世間一般の他人よりも優位に立ちたいということである。そして、優越感にひたって、そういう体験をまだもっていない人々を見おろしたいということだ。これを権力欲と言わずして、なんと呼べばいいのか。

スプーンを曲げたいから、空中浮揚をしたいから修行をしたいと言ってくる人たちのこころの中には、この種の権力欲がはっきりあると私は思う。

そのような権力欲は、次には、私が教えたい、私が導きたい、私が救いたいというようなかたちの権力欲へと、高まっていくのではないだろうか。私は、自分のなかにある、そういう権力欲の成長過程をありありと見ることができる。

神秘体験や、いろいろな能力を身につけることで、私は、それらをまだ持たない人たちよりも優位に立つことができる。それは、私の自尊心を満足させる。この自尊心をさらに高めてゆこうとするとき、どうすればいいか。そのためには、そういう能力をまだ持っていない人たちに向かって、手をさしのべればいいのである。私はここまで登ってきている。あなたたちはまだそこにとどまっている。あなたたちが、私のところにまで登ってくることができるように、私はあなたに手をさしのべて、ここまで引き上げてあげよう。さあ、私の言うとおりにしてごらんなさい。あなたも私のところに近づくことができるようになる。私はあなたの導き手となるのだ。私はあなたを、自分の手によって、高めてあげることができるのだ。

低い位置にいる他人に手をさしのべるときのレトリックが、「利他的な行為としての慈悲」であり「愛」であり「人類愛」である。私は自分だけが救われたいと思っているのではない。あなたもまた幸せになってはじめて、私の幸せがあるのだ。自分だけではなく、他人にもまたこの至福とよろこびの境地をあたえることこそが、宗教的な行為なのだ。岩壁をはいあがってくる同志に頂上から手をさしのべるときに胸にわいてくるあの充実感こそが、私のこころの中に隠された自尊心を、どこまでも満足させてゆくのである。

そもそも、自分が修行することによって何かの体験を得て、それから人々を救いたいという菩薩のこころ、慈悲のこころは、たしかに一面においては他人の幸せを真剣に考える愛の精神であるが、もう一面においては、高みに立った自分が低いところにいる他者を一方的に引き上げてやりたいという権力欲に立脚している。修行に向かう人間のこころに潜む、この両側面をしっかりと見ないといけないと私は思う。宗教者は、前者のみを強調して、みずからの内に潜む後者の存在には目を閉ざす傾向があるが、ほんとうにそれでいいのか。私が救うにせよ、私の背後にいる超越者が救うにせよ、とにかく「他人を救いたい」という願望の出所には、「自分が彼らをなんとかしたい」という権力への欲望があるということを認識すべきだし、救済の行為において「救いを仲介する者」と「救われる者」とのあいだには、ちょうど医師と患者のあいだに不可避的に存在してしまうような権力関係が出現してしまうのだということを、認識すべきである。たとえ、「救いを仲介する者」が「救われる者」によって逆に救われるというメカニズムが存在するとしても、それはその二者関係の底辺にある一方向的権力関係の前提のうえで開花しているという点に目を閉ざすべきではない。

もちろん、このような権力性は、なにも神秘体験や超能力を売り物にするカルト宗教にのみ見られるものではない。それは、何かの技能を段階的に修得してゆくことをめざすグループに、共通して見られるものである。スポーツや芸能、そして教育の世界にも同じような構造がある。しかし、技能修得のステージの上昇が、ホームランが打てるようになるといったような客観的な基準ではなく、内面的な変容と覚醒という秘事的なできごとにもとづくために、その場のマネジメントをしている者の権力性が、よりいっそう増幅されて出てくるようになる。

さらに言えば、そういった内面性を上昇させてゆくことによって、未知の世界や未知の法則を知ることができたり、あらたな自己に覚醒したり、死を恐れないようになったり、神秘的な能力を発揮できたりするようになると信じられているのだから、そういったヒエラルキーの上のほうに立つ人の権力性は、さらに強くなるだろう。

そして、そういう権力欲は、一歩まちがえば、私がすべてを操作したいとか、すべてのできごとを支配したいという欲求となって展開する危険性をはらむのだ。とくに、ヨーガ系の神秘体験では、自我の体外離脱や、自己と宇宙の融合の体験などを経験するために、自分自身がこの世界いっぱいに拡大して、世界のすべてを上から見おろすことができるというヴィジョンを、目覚めさせやすいのではないだろうか。それは、自分が世界の高みに立って、すべての人々の動きを配下におさめたいという幻想と、結びつきやすいのではないか。

元オウム真理教名古屋支部長のAさんは、オウムの教義の根本的な誤りは、その自我意識にあると言う。麻原教祖の強大な「自我」の存在が、誤りの元凶であったという。

仏教では、苦しみの根源は「我」があると錯覚することだといいます。しかし麻原さんには怪物のような我があった。解脱したいという我、自分の地位を守りたいという我、オウム真理教という我。その我を正当化するために、都合よくアートマンの思想を利用した。すると信者は、真理という〈実体〉があると錯覚して、それを必死に守ろうとする。(『現代』一九九五年八月号、八八頁)

神秘体験や超能力から入る宗教では、権力欲に裏づけられた自我の肥大をくいとめることが、難しいのかもしれない。そしてそれは、なにも麻原教祖だけがかかえている問題ではない。

超能力や神秘体験を求める人のこころの中にある権力欲。それは、私を巨大化させて宇宙にまで拡大させ、すべてを視野に入れ、配下におき、取り込んでしまいたいという欲望と、他の人たちがもっていない体験を私が手に入れて、彼らよりも高みに立って自尊心を満足させたいという欲望のふたつが、渾然一体となったものではないだろうか。

こういう欲望を、この私が、そしてひょっとしたらあなたもまた持っているかもしれないという点をしっかり確認しておかないと、オウム真理教事件を深く解明することはできないし、修行の道から入る他の宗教についても理解できなくなる。

5　神秘体験と信仰の狭間で

人間のなかに潜んでいる、超能力や神秘体験や悟りがほしいという願望について見てきた。しかし、考えてみれば、宗教を「信仰」することをあれほど拒否していた私が、「神秘体験」にかんしては全然違和感をもっていないというのは、いったいどうしたことだろうか。「信仰」の場合は、私は自分の思考というものを最後の点で放棄しなければならないのであった。しかし、「神秘体験」や「超能力」の場合は、それを手に入れようと何度でも自分で挑戦することができる。私は、自己を放棄せずに、自分の枠内でそれを探究することができるわけだ。だから、抵抗が少ないのだろうか。

前にも書いたが、アイデンティティ・クライシスに陥ってふらふらしていた大学生の頃に、もし、神秘体験から入っていくような宗教に出会っていたなら、私はそこに入門していたかもしれない。我々のやり方には「信仰」はいらない。自分で体験して確認しながら進んでゆける。そういうふうに〈理性的に〉説得されたならば、ころっと入門していたかもしれない。

事実、オウム真理教の場合も、とくに初期の段階では、各自の自発的な修行をもとにして、麻原教祖が彼らの体験レベルを引き上げるという方式をとっていた。そのことは、さまざまな証言から明らかである。それが、巨大な偏差値組織に変容し、薬物漬けになったのは、資金繰りに行き詰まったもっと後のことらしい。

ここまで私は、神秘体験や超能力や悟りがほしいという、自分自身の内面にひそむ願望について語ってきた。そして、そういう願望についてきっちりと認識しないと、オウム真理教などに惹かれていく人間のことは分からないと述べた。

ただ、私はそういう願望を強くもちながらも、実際には修行の道に入らなかった。だから、もし修行の道に入っていたら、そこでどのようなことが待ち受けており、どのようなことを実際に体験したのかを、私は知ることができない。

麻原教祖の書物を詳しく解読したチベット密教研究者の永沢哲は、チベット密教の修行の途中でおきるさまざまな神秘体験や超常能力を、麻原教祖が正確に描写していると指摘する。たとえば、初期の書物である『超能力「秘密の開発法」』（大和出版、一九八六年）について、永沢は次のように書く。

そのクンダリニーの生命エネルギーの覚醒を説くという点において、『超能力「秘密の開発法」』には、とくにオリジナルなものがあるとはいえない。ただ、その内容には、ある種の生々しいリアリティが感じられる。クンダリニーの覚醒にともなって生じてくる「魔境」の説明や、かつて自分がおかした修行上のまちがいについても、具体的かつ率直に書かれていて、そこには、気功法やヨーガを実践してみたことのある人にとっては、納得させられる指摘がいくつもふくまれているのだ。その背景に、ずいぶん激しい実際の修行体験が横たわっていることを、読者は、はっきりと感じとることができる。（永沢哲「わが隣人麻原彰晃」『イマーゴ』〈オウム真理教の深層〉二一三頁）

たしかに前記の書物や『生死を超える』（オウム出版、一九八六年）を読むと、その生々しい身体変容のリアリティは、単なる妄想の一言では片付けられない。麻原教祖は、自分の霊的なエネルギーを弟子の額に直接注入するという、シャクティパットの実践をたびたび行なっている。さきほどのAさんは言う。

たとえばシャクティパットという、師が自分のエネルギーを弟子に与える儀式があります。麻原さんが親指で相手の額に触れていると、見る間に麻原さんの顔が青ざめ、やつれ、体が動かなくなってゆくのです。そこまでして他人にエネルギーを与える姿には、感動したものです。
（『現代』一九九五年八月号、八三頁）

中沢新一は、麻原教祖のシャクティパットについて、次のように解説する。

まず、グルがシャクティパットと呼ばれる方法を使って、強力なエネルギーを、弟子のみけんのチャクラに、送り込む。その強力なエネルギーがいわば「呼び水」になって、彼女［石井久子：森岡註］の体内に、めざましい変化がおこりはじめる。身体中央の神経管を通って、エネルギーの上昇と下降がおこり、そのエネルギーがチャクラにぶつかるたびに、体内では、まばゆい光の放出が体験されるようになっているのだ。（中沢新一「『尊師』のニヒリズム」『イマーゴ』〈オウム真理教の深層〉二五八頁）

そして、このときに石井久子が体験した内容を、石井自身が記述している文章がある。

先生がいらっしゃった。
「今日、必ず解脱するぞ。」
とおっしゃった。そして、最後のイニシエーションを与えて下さった。強烈なエネルギーだ。頭に気が集まっている。

修行を開始する。まだ、頭頂部にエネルギーのかたまりがある。先生のエネルギーが、そのまま残っているらしい。ツァンダリーのプラーナーヤーマではダメだ。先生のエネルギーがとけない。ものすごく強いエネルギー体だ。強い刺激を与えなければと思い、すぐにヴァヤヴィヤを始めた。三十分くらい行なって、ツァンダリーのプラーナーヤーマに入った。

快感が走る。震動する。しびれる。そして、太陽の光のようにまぶしく、ものすごく強い、明るい黄金色の光が頭上から眼前にかけて昇った。

金色の光が、雨のように降りそそいでいる。そして、その光の中で、私は至福感に浸っていた。

この太陽は、その後何回も昇り、そして最後に黄金色の渦が下降し、私の身体を取り巻いた。

（麻原彰晃『マハーヤーナ・スートラ』オウム出版、一九八八年、一九三～一九四頁）

石井久子のことばを信用する限り、このような体験を導く力が、麻原教祖にはあったことになる。そして、みずからもチベット密教の修行体験のある中沢新一は、石井のこの文章を引用して、「これはじっさいにおこることなのである」と、述べている（中沢新一「『尊師』のニヒリズム」〈『イマーゴ』オウム真理教の深層〉二五七頁）。

もし、ほんとうに、教祖から直接こんな体験を与えられたとしたら、その人はこの教祖の教えをやすやすと信仰してしまうだろう。まずは体験から入り、次に信仰へと進むという道が開けてくるのである。

体験から入る宗教の場合、最初は「信仰」を求められないこともあると思う。しかし、修行が進んでいくどこかの段階で、きっと、教義や教祖に対する「信仰」の扉をくぐらなければならないときがくるはずである。ちょうど踏み絵のように、それを踏んでからでないと、そこから先には行けないようになっている。そういう地点があるはずだ。

修行を続けて、その地点に至った修行者に対して、私はひとつのことだけを言いたい。

あなたが修行によって得ることのできた体験、そして教祖や師匠に導かれることによってあなたが得ることのできた体験、それらは、ほんとうにすばらしいものであったにちがいない。神秘的で、清らかで、よろこびにあふれ、言いようのない快感にひたれるものであったにちがいない。人が、そういう境地を体験できるのは、ほんとうにすばらしいことである。私はけっしてそれを否定しない。そういう体験があるということは、もちろん否定しないし、そういう体験を味わうことをもまた否定しない。

しかしながら、あなたがそういう体験を得たという事実と、あなたの教祖や師匠が説いたり聖典に書いてあったりする「宇宙論」とは、別物かもしれない。あなたがそういうすばらしい体験をしたのは、彼らが説く「宇宙論」が正しかったからだとは限らない。あなたの神秘体験は、単純に、生理学的なプロセスによって起きたのであり、誰でも順序を踏めば体験できるものだったのかもしれない。あなたが教祖や師匠の導きによって神秘体験をしたとしても、だからと言って、あなたは彼らの説く「宇宙論」をそのまま受け入れて信じる必然性はまったくないかもしれない。

自分の目と頭を全力ではたらかせて、「神秘体験があったから教祖の言うことを信じるべきだ」という一見もっともらしい推論に、実はなんの根拠もないことを悟ってほしい。みずからの知性を全開にして、この点を考え抜いてほしい。そして、この世界には、思ったよりも多様なものの見方が存在しているのだということに、気づいてほしい。

実際にそういう体験を与えられた人間にとって、それを与えてくれた人のことを信じるなというのは、とても過酷な行為である。自分を引き上げてくれて、あらたな自己へと覚醒させてくれた人のことを、相対化して考えるなんて、よっぽど冷酷な人間でないとできないかもしれない。

そんなことは、分かっている。

しかし、まさにその地点で、自分自身の目と頭を使ってふんばってほしいのだ。そこでふんばっておかないと、そこを過ぎたら、もう後戻りできるチャンスはないかもしれないのだから。

〈自分を目覚めさせてくれたいのちの恩人を、知性をもって相対化しろ〉。私はそういうことを言っているのだ。その人がいなければ、いまの私はここにいないかもしれない、そういう人生のもっとも大切な人のことを、冷たく突き放して相対化しろ。いくらその人と一緒にいることが気持ち良くて、いつまでもそこにいたいと思っていたとしても、やっぱりその人と自分自身のことを、突き放して考えてみてほしい。たとえ、その人が、父親の威厳と慈愛をもってあなたの前にそびえ立つ人物だったとしても、その人のことを突き放して見てほしい。その影響圏から、半歩脚をしりぞけて、「父親殺し」の作業をしてほしい。そして、そういう相対化の作業に不快感を示す師匠であったとしたら、あなたはかなり切迫した分岐点に立っているのかもしれないのだ。

そういう相対化をして、苦しみまくって、そのあげくにあなたが選択した道については、私は何も言うつもりはない。それがさらなる信仰への道になろうが、あるいは脱会への道になろうが、それはあなた自身が決めたことである。あなたが責任を持って貫徹すればいい。

ただ、「信仰」に入る直前に、一回だけでいいから、知性の限界まで考え抜いて、相対化の作業を行なってほしい。

そういう相対化の作業をするための材料として、私が体験したふたつの出来事について、書いてみたい。このふたつの出来事は、長いあいだ、私のこころの奥底にしまっておいたものである。オウム真理教の事件は、そういう私の深層にまで入り込んで、私をかき乱している。私は、信仰の直前でまよっている人間に向かってだけではなく、今後の私自身の学問のためにも、以下のことを書いておかねばならない。

6　私の神秘体験

私は、神秘体験をしたことがある。

大学生の頃、独力で試みて成功した。

だから、私にとって、いわゆる神秘体験は、「神秘」なものではない。それは、ある手順にしたがえば人間が体験することの可能な、ひとつの身体状態にほかならない。信仰心のないこの私でさえ、神秘体験ができたのだ。それも師匠の導きなしに。これは、何を意味しているのか。

　簡単なことだ。宗教や信仰をもつことと、神秘体験を得ることのあいだには、なんの必然的関係もない。ただそれだけのこと。

　大学生の頃、神秘体験や超能力に興味をもっていた。自分でも、そういう体験をしてみたかった。が、前にも書いたように、それを得るために修行の道に入ることはしなかった。そのかわり、瞑想やヨーガの解説書などをよく読んでいた。こうすればチャクラが開くのかというようなことを、アパートで寝ころびながら読んでいた。

ＥＳＰやサイコ・キネーシスなどの超能力も、ヨーガによってもたらされる神秘体験と同じようなものだろうなと思った。そういう未知の能力が、人間の身体にはそなわっていて、それが外部へと向かうと超能力となり、身体の内部で活性化されると、ヨーガのときの神秘体験になるのだろうと考えた。

ということは、ヨーガの瞑想をすれば、この私だって、超能力を持てるかもしれないということだ。

自覚的に神秘体験をした人の本を読むと、だいたい似たようなことが書いてある。そしてそれは、当時有名であった、簡単にスプーン曲げをするという青年の語るところとも、かなり近かった。

まず、背筋をきちんと伸ばして、腹式呼吸をする。そして、頭の中に光のイメージを持つ。そうしているうちに、それがだんだんと大きくなって、やがて自分の身体が光につつまれるようになる。そうすると、いろんな神秘的な現象がおきる。スプーンも、そうやって曲がるとのことだった。

なるほどね。じゃあ、ちょっと自分でやってみようか。

そう思い立ったのが、大学三年生の頃、ちょうど東京板橋のアパートにひとり住まいしていたときだ。そのときのことは、いまでも細部までクリアーに覚えている。

夜中に、自室のベッドにもたれながら、脚を蓮華座に組み、姿勢を良くして腹式呼吸をはじめた。吐く息を長く、そして吸う息を短くするとよい、と何かに書いてあったので、そのとおりにした。静まり返った部屋の中で、腹式呼吸を続けていると、息を吐くタイミングに合わせて、頭の中が小さくジーンとしびれるようになった。その刺激を感じたときに、ああ、これは知っていると思った。

小学生のときに、指を他人の眉間に近づける遊びをよくやった。目を閉じてもらって、自分の指を友人の眉間にゆっくりと近づけていくと、彼は「眉間がしびれる、痛い」と言う。同じことを彼にやってもらうと、たしかに指が私の眉間に近づくにつれて、眉間がジーンとしびれて痛くなる。この痛みはいったいなんだろうと、そのころは不思議だった。

それと同じしびれが、頭の内部にわき起こってきた。

腹式呼吸を続けていると、息を吐くときに感じるそのしびれが、だんだんと大きくなり、はっきりとしてくる。やがて、それは、小さな白い光の点として感じられるようになってくる。私はその感覚に全神経を集中させた。

そうやっているうちに、その点の数が増えた。いくつもの点が、頭の内部にある。ちょうど、こんぺいとうのような星が、頭の中で小さく光っている感じだ。

本格的に瞑想するのは、このときがはじめてだし、もちろんそれまでに瞑想の訓練を受けたことはまったくない。すべては、本の知識からの類推と、あとはあてずっぽうでやっただけだ。そんな危ないことを、このときには平気でやったわけだ。この段階では、こういう経験をまだ面白がっていた。へー、頭の中に星があらわれたりするのか。これが大きくなっていくと太陽になるのだろうな、本に書いてあるように。そんなことを、他人事のように考えていた。

ふと、私は、頭の中のそれらの白い点を動かしてみようと思った。すると、それらの点は、ほんとうに頭の内部をゆっくりと動き始めた。これにはびっくりした。それらの点は、頭頂部を中心にして、あちこちと自在に動き回った。

どのくらいそうやって、白い点を動かして遊んでいたのかは覚えていない。

そのうちに、それらの点が、頭の内部でだんだん大きくなってきて、ひとつのかたまりへと融合しはじめた。ひとつに融合すると、白い光はかなり明るくなった。そういう光が、頭の、頭蓋骨の内部に浮かんでいる。目で見えるわけではないのだが、そういう白い光のかたまりが、頭の内部にある。そして、そこがジーンとしびれている。

このジーンというしびれの感覚は、なんと表現すればいいのだろう、針の先で皮膚を押されたときに感じるような「痛み」があるのだが、同時にそれは、しびれるような「快感」でもある。それが混ざったような、不思議な感覚だ。

その白い光のかたまりを、眉間に持ってこようとした。すると、それはほんとうに眉間にまで移動してきた。白い光のかたまりが、両目のすこし上の、眉間にある。眉間がジーンとしびれて、すごく気持ちがいい。インドの絵を見ると、眉間に第三の目が描かれていたりするが、それはこういうことかと了解する。その光は、眉間にただよっているあいだに、さらに大きく成長したように思えた。

なぜだか分からないが、そのとき私は、この光のかたまりを、もっと下にまで降ろしたらどうなるだろうと考えた。そして、ほんとうにそれを実行してみたのだ。

腹式呼吸で息を長く長く吐きながら、吐く息にあわせて、その光のかたまりを眉間よりも下に降ろそうとした。そうやっているうちに、その白い光のかたまりは、鼻筋を通って、顎のあたりにまで降りてきた。それは、小さな玉が顔の表面を伝って降りてくるというものではなく、ちょうど風船をふくらませるときのように、眉間にあった光のかたまりが、その位置でだんだん膨張して、鼻筋を包み、顎にまで広がってくるという感じだった。光のかたまりが、だんだん大きくなりながら、その先端が顎の下へと進出していったのだ。

光の先端は、喉にまで降りてきた。このへんまで来ると、喉から上の頭部は、全部がお湯につかったような感じで、しびれる光の球のなかにすっぽりと包まれたようであった。光の球のなかは、熱かったように思う。

私は、その光のかたまりを、さらに下にまで降ろそうとした。それは、肩を伝って、腕に入り、両肱のあたりにまで降りてきた。このあたりまで来たときに、私の内的感覚が激変した。その光の玉は、ブーンという音を発しはじめた。その音はだんだん大きくなり、耳が痛くなった（臨死体験や体外離脱体験をした人の記述には、こういうブーンという音が聞こえることがあると書いてある。金縛りのときにも、こういう音のすることがある。ここには、何かの関連性がある）。音とともに、突然、心臓が爆弾のようにうなりはじめ、ドキンドキンと、胸から前に一〇センチくらい飛び出して往復するように感じられた。内的感覚から言えば、心臓はほんとうに肋骨を通過して、身体の前方に飛び出しているのではないかと思われた。そして、いまでも信じられないが、腕の大きさが、ボコッと、二倍くらいに膨れ上がったのである。吐き気のような、しかし強い快感が全身を襲った。

つまり、腕から頭までが、ブーンとうなるしびれの球に包まれ、心臓は破裂しそうになり、腕はボコボコの丸太みたいになって、私はほんとうに死にそうになったのである。二倍くらいにふくれあがった腕は、その指の先にまで光が到達し、ぶるぶると震えがとまらなくなった。

そのときに私が思ったことを、正直に書いておかなければならない。私は直観的に思った。「いまなら、このしびれの球を指からスプーンに移して、スプーンを簡単に曲げることができる」。しかし、私はスプーンをもっていなかったし、これ以上降ろしていくと、暴れ回っている心臓をさらに刺激して、ほんとうに死んでしまうと思った。私は突然すごい恐怖に襲われて、「やめよう」と思った。

すると、これまた不思議なことに、やめようと思っただけでしびれの球はスーっと消滅した。あとには、ふだんの自分が残されているだけ。さっきまでの超常現象が、うそのように、痕跡ひとつ残っていない。

数日後に、もう一度挑戦した。今度は、スプーンを曲げてみようと、手元にスプーンを持ってきておいた。同じような手順で息を整え、光の球を出して、下に降ろしてきた。光の球は肩までは降りてきたのだが、そこから先はダメだった。苦戦しているうちに、すうっと消えていってしまった。

私がこういう体験をしたのは、後にも先にもこの二回だけである。その後も何回か挑戦してみたが、もう眉間にまでも降りない。いまでも、息を整えて集中すると、頭にしびれの小さな点は発生するが、それは頭蓋骨の表面を行き来するだけで、内部にはもう入らない。面白いことに、このしびれの点は、頭の真ん中から左半分にかけてだけ移動できる。右半分にはなかなか行かない。これは、なぜだろう。左脳と関係があるのだろうか。

ともあれ、あれは、夢でも、幻でもない。薬物による幻覚でもない。覚醒したままの状態で、私が、この身体で実際に体験したことである。

だから、身体が光に包まれて、言いようのない快感におおわれるという体験は存在すると、私は断言する。いくら科学者と称する人が、それは幻覚だと言い張ったとしても、私はその体験が、薬物を使わない覚醒状態の内的体験として存在するということを断言する。

さきほどの記述は、その体験後に、私が書いていたメモをもとにして、文章化したものだ。すごくクリアーに記憶に残っているから、誇張した表現は混ざっていないと思う。

この私の体験と、さきに引用した、石井久子の体験をくらべてみてほしい。石井久子の文章を、繰り返しになるが、ここでもう一度引用してみたい。

先生がいらっしゃった。

「今日、必ず解脱するぞ。」

とおっしゃった。そして、最後のイニシエーションを与えて下さった。強烈なエネルギーだ。頭に気が集まっている。

修行を開始する。まだ、頭頂部にエネルギーのかたまりがある。先生のエネルギーが、そのまま残っているらしい。ツァンダリーのプラーナーヤーマではダメだ。先生のエネルギーがとけない。ものすごく強いエネルギー体だ。強い刺激を与えなければと思い、すぐにヴァヤヴィヤを始めた。三十分くらい行なって、ツァンダリーのプラーナーヤーマに入った。

快感が走る。震動する。しびれる。そして、太陽の光のようにまぶしく、ものすごく強い、明るい黄金色の光が頭上から眼前にかけて昇った。

金色の光が、雨のように降りそそいでいる。そして、その光の中で、私は至福感に浸っていた。

この太陽は、その後何回も昇り、そして最後に黄金色の渦が下降し、私の身体を取り巻いた。

（麻原彰晃『マハーヤーナ・スートラ』オウム出版、一九八八年）

石井久子の言う、「快感が走る。震動する。しびれる」という表現は、私が体験したものと非常によく似ている。「太陽の光」が、「頭上から眼前にかけて昇った」という記述も、そっくりである。「金色の光が、雨のように降り注いでいる」というのは、まあ、文学的に表現すれば、そういうことになるかもしれない。私の場合は、太陽は一回しか昇らなかったが、石井の場合は「何回も昇」ったわけだ。

中沢新一は、自身の経験から、「これは、じっさいにおこることなのである」と説明しているが、私もこの点では、中沢と同じ意見である。こういうことは、ほんとうにおきるのだ。

しかし私は、その先まで言いたい。

こういう体験は、ヨーガの修行をしていなくても、密教の修行をしていなくても、カルト宗教を信じていなくても、教祖の言うことを信仰していなくても、できることなのである。私の場合が、そうであった。私は、腹式呼吸と、座禅の姿勢と、集中力だけでそれをやってしまった。修行のサークルに入ることなく、師匠につくことなく、できてしまうのだ、そのくらいのことならば。

だから、このような神秘体験を得るということと、修行したり宗教を信仰したり教祖の言うことをそのまま信じたりすることのあいだには、基本的には、なんの必然的関係もないのである。もちろん、修行を行なった方が、こういう神秘体験を得やすいということは、あるかもしれない。宗教を信仰した方が、精神力と自信がついて、神秘体験を得やすくなるということは、あるかもしれない。教祖や師匠の言うとおりに導かれた方が、短時間で到達できるかもしれない。たしかに、そういう関連性はあるかもしれない。

しかしながら、私が無宗教、無信仰のまま、独力で光の世界に入る神秘体験をすることができたという事実がある以上、「修行がないと神秘体験はできない」「信仰がないと神秘体験はできない」「霊的ステージが上がらないと神秘体験はできない」「教祖や師匠の言うとおりに導かれないと神秘体験はできない」といった考えは、誤りであることになる。

修行しなくたって、神秘体験ぐらいできる。信仰がなくても、神秘体験ぐらいできる。教祖や、師匠や、霊的地位の高い人でなくっても、神秘体験はできる。神秘体験ったって、たかが、そのくらいのものなのだ。

この感覚、これをもつことができれば、目の前の宗教を相対化するために、とても役立つだろう。神秘体験を得ることそれ自体には、そんなにたいした意味はない。セックスして、オーガズムに達して、すごく気持ち良かった。そのくらいのことがもっと精密で持続的になるだけだ。もちろん、ヨーガや密教の修行プロセス全体から見れば、私が独力で得た神秘体験など、初歩の初歩にすぎないだろう。それは認める。オウムの本を読めば、他心通（読心）などの超能力が身についたり、瞑想中に別次元の世界へとトリップするヴィジョンを体験できると書いてある。そんな話を聞くと、自分もその宗教に入信してみたいという気になったりする。

しかし、宗教の体系を受け入れなくても、修行しなくても、私が経験したような神秘体験をすることができるという事実は、決定的に重要だと思う。

そして、さらに大事なのは、言われるとおりに修行することで神秘体験を得たから、だから教祖の言葉は真理なのだという推論には、なんの必然性もないということだ。

私に神秘体験の至福を与えてくれた教祖は、「この世の終わりが来る」と言う。しかし、冷静に考えてみれば、「神秘体験を与えてくれたから、教祖のこの世の終わりに関する予言が正しいはずだ」という論理には、飛躍がある。この世の終わりは来るかもしれないが、来ないかもしれない。それが、正しい論理的結論なのじゃないだろうか。――そういうふうに、考えを進めていってほしいのだ。そういうふうに見方をちょっとだけ変えることによって、我々は、自分の目と頭でものを考えはじめることができるようになる。自分の目と頭を使って、目の前の宗教と、師匠と、教祖とを、一度でいいから腰を据えて相対化してみてほしいのだ。

あるオウム真理教の修行者は、出家する前は宗教嫌いだったのだが、そのうちにオウムに惹かれていったと言う。

初めて道場で修行したときにダルドリー・シッディ〈座法を組んだまま身体が跳ね上がる現象。空中浮揚の前段階とされる〉が起きてしまったり、シャクティー・パット〈成就者のエネルギー移入〉で光の体験をしたりして、説かれている教えを実体験し、少しずつオウム真理教の修行が本物ではないかと思い始めました。

〈中略〉

そんな宗教嫌いの会員のわたしも、さまざまな体験をしていくうちに、「オウム真理教の教義がやはり間違いない、本物である」という確信を持つようになりました。〈『VAJRAYANA・SACCA』一二号、一九九五年七月、二〇頁〉

もう一度、頭を冷やして考え直してほしい。蓮華座でのジャンプが起きたり、「光の体験」をできるようになることと、「オウム真理教の教義が間違いない本物である」ということのあいだには、ほんとうに必然性があるのか？

そのふたつのあいだには、ほんとうは、なんの必然的関係もないのではないか？

オウム真理教の教義は次のように言う。

殺生、暴力、悪口、嫌悪、排他的な心などの持ち主は地獄に堕ちる。聖者（多くの魂を高い世界に至らしめるはずの者）を誹謗し、痛めつける者は地獄に堕ちる。

性欲にかまけ、快楽におぼれ、情愛にひたり、恐怖におびえ、無智・迷妄の中にある者は、動物として生まれ変わる。

さまざまな物、食べ物、知識などを貪り、いくらあっても満ち足りることなく、あるいはイメージの世界におぼれるならば、低級霊（餓鬼）の世界を漂うことになる。（『ＶＡＪＲＡＹＡＮＡ・ＳＡＣＣＡ』一二号、二九頁）

トレーニングによって神秘体験を得ること、あるいは誰かから生体エネルギーを注入してもらって神秘体験を得るということと、教祖が述べるこのような「カルマの宇宙論」を信じることのあいだには、大きな、大きな断絶があるんじゃないのか。

その断絶の崖っぷちで、最後までふんばってみることが必要なのじゃないだろうか。

もちろん、神秘体験をともなったヨーガや密教の修行を正しく積んでいくことで、世界の見え方が変貌し、あらたな宇宙観を手に入れることができることはあるかもしれない。しかし、自分自身の修行体験によって、そのような宇宙観を経験的に獲得することと、誰か他人が説いた宇宙観や真理をそのまま受け入れることのあいだには、天地の開きがある。

自分で切り開いた場合には、その根本を絶えず自己吟味し、他者や世界とのコミュニケーションのなかで正すべきところは正し、柔軟な修正を続けていく可能性がある。ところが、他人が説いた宇宙観や真理をそのまま受け入れた場合、それはすでに「信仰」の領域に入っており、その教義内容にかんする疑いは原理的に出てこない。

もう一度繰り返そう。

神秘体験を得ることと、そういう体験を核にすえる宗教の「宇宙論」が正しいということのあいだには、なんの必然的関係もない。神秘体験は、宗教や修行なしでも得ることができる。宗教の説く「宇宙論」は、神秘体験があったからといって、実証されるわけでもないし、反証されるわけでもない。それは、正しいかもしれないし、単に間違っているだけなのかもしれない。

「信仰」を前にしてこころが揺れ動いている人たちよ、「神秘体験」をしてその解釈にとまどっている人たちよ、そういうふうに考えてみてはどうだろうか。この地点でふんばって、自分の目と頭をぎりぎりまで使って、自分自身で納得のいく答えを、あせることなく追求してほしい。「私は分からない」というのも、ひとつの立派な答えである。誰かの出してくれた答えを、そのまま自分の意見として重ねていくよりは、ずっと立派な答えだと私は思う。

世界には、分からないことがいっぱいあるじゃないか。分からないことが多いから、それを自分なりに分かろうとして、探究していこうとする。分からないことは、分からないんだと正直に認めて、そのあとで自分の目と頭でゆっくりとその問いを探究していく。

たしかに、光の体験のような神秘体験を「まやかしだ」とか「幻覚だ」と断定して、疑いのまなざしを向ける人たちがこの世界には多くいる。自分がありありと体験したものを、そういうふうに頭から否定されたりすると、そういう人たちに対して不信感をもったり、そういう人たちが主流であるこの社会に背を向けたくなる気持ちが出てきても不思議ではない。その気持ちはよく分かる。

しかし、かと言って、神秘体験を与えてくれた師匠や教祖の説く「宇宙論」を、そのまま受け入れてしまうのも、極端すぎるのではないか。神秘体験を与えてくれた人の言うことが、すべて正しい、真理であるという根拠はどこにもない。

だから、いま必要なのは、瞑想による神秘体験があるということを謙虚に認めながらも、それを「信仰」や「教祖のことば」や「宗教的真理」から、いったん慎重に切り離してみることである。それと同時に、「神秘体験は単なる脳の生理学的プロセスにすぎない」といった別種の科学主義からも、慎重に距離をとることである（そういう科学主義では、恋愛も感動も、単なる脳のプロセスにすぎないということになる）。

その両者の中間に立って、我々の生と死にとっての神秘体験の意味を、自分自身の力によって探究していく、そういう第三の道が必要なのである。

7　「気功」の共同体での体験

そういう道はあるはずだ。

しかし、神秘体験を共有して、そこにこそ真理への扉が開かれていると直感した人々は、彼らの共同体を相対化できにくい。いろんな疑念がわき起こることはあるのだが、共同体のなかには、そういう疑念を圧殺していく巧妙な仕組みがはりめぐらされているからだ。

たとえば、何かの疑問が生じてそれを仲間に問いただしたとしても、逆に、「そういう疑問をもってしまうあなたという存在はいったい何なのか、もう一度考え直してみましょう」というふうに問いかけられ、自己批判へと追い込まれていく手順が確立していたりする。これは、その共同体にとっての「外部」というものを、徹底して排斥し、生じた論点をすべて内部化していくテクニックである。論点がいったん内部化してしまえば、そこで繰り広げられるのはトートロジー(同語反復)の集積であり、自己批判という名の自己忘却であり、学習という名の信仰強制である。

それに加えて、神秘体験の共有を核にする共同体では、こころが揺れ動いたり、疑問が生じたりしたときに、その不安をしずめるために、その神秘体験へと戻っていくことができる。たとえば、疑問が起きたとき、それを打ち消すためにヨーガの瞑想をして、あの恍惚の体験をふたたび味わい、「ああ、やっぱり、自分のやってきたことは正しかったのだ。疑問がわいたのは、悪魔のささやきだったのだ。師匠のおっしゃることはやはり真理だったのだ」というふうに自己納得することができる。神秘体験という、実際にこの身体で確認することのできる、手触りのある大地を共有しているとき、その共同体を相対化してそこから自由になるのはほんとうに難しいと思う(大泉実成『麻原彰晃を信じる人びと』洋泉社、一九九六年、一一三頁参照)。

前節で私は、神秘体験を相対化しろ、教祖を相対化しろと言った。

しかし、瞑想体験を核とする共同体の場合、いくら自分の目と頭を使って相対化しろと言って

郵便はがき

料金受取人払郵便

京都中央局
承認

1126

差出有効期間
2020年12月
31日まで

(切手をはらずに
お出し下さい)

6008790

110

京都市下京区
正面通烏丸東入

法藏館 営業部 行

愛読者カード

本書をお買い上げいただきまして、まことにありがとうございました。
このハガキを、小社へのご意見またはご注文にご利用下さい。

お買上 **書名**

＊本書に関するご感想、ご意見をお聞かせ下さい。

＊出版してほしいテーマ・執筆者名をお聞かせ下さい。

お買上
書店名　区市町　**書店**

◆新刊情報はホームページで　http://www.hozokan.co.jp
◆ご注文、ご意見については　info@hozokan.co.jp

19. 5. 50000

ご氏名《ふりがな》	年齢　　歳	男・女
〒□□□-□□□□	電話	
ご住所		
ご職業（ご宗派）	所属学会等	
ご購読の新聞・雑誌名（ＰＲ誌を含む）		

ご希望の方に「法蔵館・図書目録」をお送りいたします。
送付をご希望の方は右の□の中に✓をご記入下さい。　□

注文書

月　　日

書名	定価	部数
	円	部
	円	部
	円	部
	円	部
	円	部

配本は、○印を付けた方法にして下さい。

イ. **下記書店へ配本して下さい。**
（直接書店にお渡し下さい）

（書店・取次帖合印）

書店様へ＝書店帖合印を捺印の上ご投函下さい。

ロ. **直接送本して下さい。**
代金（書籍代＋送料・手数料）は、お届けの際に現金と引換えにお支払下さい。送料・手数料は、書籍代 計15,000円未満774円、15,000円以上無料です（いずれも税込）。

＊お急ぎのご注文には電話、ＦＡＸもご利用ください。
電話 075-343-0458
FAX 075-371-0458

（個人情報は『個人情報保護法』に基づいてお取扱い致します。）

も、それがとても難しいことは事実である。というのも、瞑想体験では、まさに、自分の「目と頭」でもって、自分の身体の変化や、内面性の変容や、神秘体験をまざまざと見定めるからである。自分が実際に体験したことを重視する人間ほど、逆に、自分が体験したことの意味を相対化するのが難しくなる。

ここに、大きな困難がある。

この困難にかんしては、私は、決定的な解答をもっていない。

私にできることは、私自身が二十代の後半に体験したある事例を紹介して、なにかの手がかりにしてもらうことだけである。これは、私自身にとってたいへん重い体験であったし、つい最近まで背負い続けてきたものである。

二十代後半の二年間ほど、私は、あるグループにボランティアで所属して、研究活動を行なっていた。そのグループは、いくぶんカリスマ的な年長の男性をリーダーとして、その下の主力要員として私ともう一名の男性がいて、わきを固めるメンバーがほかに一名。そのほかに、趣旨に賛同する大学生が数名という、きわめて小さなグループであった。そこに、他のグループから、いろんな人が出入りしていた（ここにかかわっていた人たちは、いまでもそれぞれの場所で活躍中なので、ここでは実名は出さず、プライバシーに触れるところは省略させていただきたい）。

そのグループに没入していた二年のあいだ、私が何を考え、どのような状態になっていったのかを、冷静に振り返ってみたい。したがって、これは私自身に関する分析ノートなのであり、他の方々の評価をするわけではけっしてない。

私がそのグループに誘われたのは、大学院生のときだった。

当時、私は、文学部の大学院に進んでいたのだが、教室が要請するような研究はあまりせずに、まだ研究する人の少なかった「生命倫理学」というものを独学で勉強していた。中村桂子や米本昌平に教えを請いながら、英語の文献などを孤独に読んでいた。ちょうどそのころ、千葉大学の加藤尚武と飯田亘之が、英米の生命倫理学の資料集を作るプロジェクトを進めており、その書き手として私がリクルートされた。そこで、その資料集に、何本か文章を書かせてもらっていた。

ある日、自宅に電話があって、私に会いたいと言う。会いにゆくと、二人の人物が待っていた。彼らは、ある研究グループを作ろうとしていたのだが、資料集の私の文章を読んで、とても興味をもったとのことであった。その研究グループが対決したいのは、現代の生命科学のあり方である。それを大きな視野から考えてゆきたい、と彼らは言った。その一環として、生命科学の先端にいる人々への連続インタビューをしている。この研究にぜひ主体的に参加してみないか。そういう誘いだった。話の内容はとても面白かったし、私がやろうとしていたことと、ほとんど重なっていた。リーダーらしき男性とは、異様に話が合った。

彼らと別れたあと、私はひさびさに興奮して、これで面白い世界が開けるのかもしれないと浮き浮きしたことを覚えている。そのグループに宗教の背景がないことを大学図書館で確認してから、私は、それから週に一回、郊外の緑豊かな彼らのオフィスに通勤することになったのである。

それからというもの、我々は、緑に囲まれた建物の中で延々とディスカッションをしたり、木々の中を散策したり、一緒にインタビューに出かけたり、夜はオフィスでご飯を食べ、酒を飲んで、そして私は夜遅くの電車で自宅に帰っていった。

なかでも、いちばんハードだったのは、「ブレインワーク」と呼んでいた集中ディスカッションで、ときには延々数時間も続けられることがあった。生命とは何か、科学とは何か、南北問題とは何か、そういうテーマをめぐって、徹底的に議論した。そういう議論をするときは、リーダーの男性（以下、Bさんと呼んでおく）と私の突っ込んだやりとりが基軸になった。議論を深めていって、何かの新しい展開や発見が起きるたびごとに、Bさんと私の距離は親密なものになっていった。すくなくとも、私はそう感じていた。

そうやって議論を煮詰めていくうちに、我々はあるひとつの世界観を共有するようになった。それは、この世界で起きるすべての出来事は、ひとつらなりにつながっている、という世界観である。そして、そのことを、我々は「いのち」「生命」ということばで呼んでいた。我々自身の「いのち」は、この地球上に存在するすべての生き物の「いのち」と、ひとつらなりにつながっている。だから、我々自身の「いのち」について考えることは、この地球上のすべての「いのち」について考えることにつながるのだ。逆に、地球の「いのち」について考えることは、それを考えている私たち自身の「いのち」について考えることになるのだ。この意味で、地球環境問題を考えることと、我々の医療や健康について考えることは、同一である。

ところが、ひるがえって、現代の科学と文明のあり方を見ていると、そこでは、本来ならばひとつらなりになっているはずの「生命」というものが、バラバラに分断して扱われている。還元論的な分子生物学もそういう過ちをおかしているし、脳死を人の死とする考え方も同じ過ちをおかしている。また、科学的手法を用いれば世界のことはすべて分かるという「科学主義」がはびこっているのも問題である。科学には限界があるのであり、科学では我々の「いのち」のことは分からない。

こういった世界観を、我々のグループははっきりと打ち出していった。その発想をもとにした研究会や、大がかりなシンポジウムを開いたりした。

一九八六年ころの話だから、その時期に日本で盛り上がっていた、いわゆる「ニューサイエンス」の影響をかなり強く受けていた。環境問題と医療の問題が同じであるというのは、私が強く持ち込んだ発想であり、すべてはひとつらなりなんだというのは、Bさんが持ち込んだ発想である。このぶつかりあいの中で、「いのち」「生命」というキーワードが浮かんできたのである。一九八八年にこのグループを去ってから、私は第一作の『生命学への招待』を出版するのだが、その内容が、ここでの議論に多くを負っていることは間違いない。

そういう世界観をもとにして、我々は、「生命」をあらゆる側面から学際的にとらえることを提唱し、生命科学の還元論を批判し、そして科学主義それ自体を批判した。それは当時としては過激であったが、その主張それ自体は間違っていなかったと、いまでも思う。

Bさんは、生きとし生けるものはすべてひとつらなりだと言った。というのも、Bさんは気功の先生でもあったからである。当時は、気功はまだそれほどブームになっていなかった。私も、気功という名称は知っていたが、実際にどんなことをするのかはよく知らなかった。気功では、私の身体のなかにある生体エネルギー（気）は、私が立っている大地の気や、その場所の植生の気とダイナミックに交流していると考える。私の内部の気は、私の手や足を通って外部へと流れてゆき、他人の発する気と交わったり、木々のエネルギーと交わったり、動物の気とやり取りをしたりする。だから、そういう流動する気をベースにして考えれば、すべての生き物は気という通路を通して、ひとつらなりにつながっていることになる。気功の考え方をベースにすれば、すべてがひとつらなりであることは、簡単に理解できる。

ブレインワークで疲労したときなど、我々は連れだって木々のなかに入っていった。Bさんの指導するがまま、私たちは手のひらを柔らかくし、身体の表面のツボを刺激し、膝をゆるく曲げたまま全身の力を抜いて立った。そうして、ぼんやりと自分の身体の声に耳を澄ます。そうやって立っていると、まわりの木々を鳴らす風の音や、頭上を飛び交う鳥の鳴き声などが、とても新鮮に感じられる。やがて、ゆっくりと両手を前に上げていく。そして今度は、なめらかに腰のあたりにまで下げる。これの繰り返し。緑に包まれて、そういう緩慢な動作を続けながら、この場所に置かれている自分の身体と親しくなっていく、そういう作業のようにも思われた。

そのような身体運動を何週間か続けていると、突然、自分の身体の中の気の動きが分かるときがくる。両手を身体の前に上げるときに、背筋から両腕にかけて、ソソっとしたしびれみたいなものが伝わるのが分かるようになる。そうしているうちに、自分の手のひらがジーンとしびれるようになってくる。手のひらがしびれると言ったら、Bさんは、それが気だと答えた。なんだ、これが気か。

分かってみれば、思いあたることはたくさんある。たとえば、恐くてぞっとしたときに、背筋から頭までなにか電流のようなものが走ることがある。あの感覚を薄めたものによく似ている。あるいは、身体のなかに、むずむずっと何かが動いているような感覚をもつことがあるが、それにも似ている。我々は、ふだん、気の動きを感じているのだが、それを取り立てて意識しないだけのことかもしれないと思った。

いったん、気の感触が分かってしまうと、あとは自分でそれを「練って」いくことができるようになる。ひとりで練習することもできるようになる。一時期、毎日のように、ひとりで練習していたことがある。そのうちに、自分の手のひらから出る気の流れを、はっきりと実感できるようになった。調子の良いときには、手のひらから、冷たい風のようなものが出てくるのがはっきりと分かる。部屋のなかで、手を動かさない態勢からでも、手のひらから風が出ているのが分かる。

みんなで気功をしたときに、上級者の若い女性と向かい合って立ち、お互いの両手を一〇センチほど離してかざしあったことがある。その女性は、目を閉じて私の手のひらに向かって気を送った。すると、一〇センチも空間があいているにもかかわらず、私の手のひらは、ちょうど赤外線ストーブに手を近づけたときのような強力な放射を感じてしまった。これには、さすがに驚いた。それは、ほんとうに熱かった。気功理論以外でも説明はつくのかもしれないが、とにかくこういう現象は、ほんとうに起きるのである。街でよくやっている手かざしなんかも、ようするに、こういう未知のエネルギーが、手のひらからでているだけのことだ。守護霊なんかをもちださなくてもいい。

私の場合は、手のひらから気が出はじめると、不思議なことに、手のひらの体感温度がだんだんと下がってくる。すごく冷たくなって、氷のようになるときもある。

自分の出す気に敏感になると、他人のもっている気にも敏感になってくる。「気が合う」とか「気が合わない」というのは、ことばどおりの意味だったんだなと分かる。研究会などでも、そこに参加している人々の張りつめた気というものを、ドアを開けた瞬間に全身で感じたことがある。私はまだ、部屋の中に何人の参加者がいるのかまったく見ていなかったのだが、ドアを開けた瞬間に、そのドアの隙間から、張りつめたような質感をもつ気の流れが、私の方に向かって流れ出してきたのを感じたのである。このときも、びっくりした。部屋の中に入ってみると、ぴーんと張りつめた空気というものが漂っていた。なるほどな、と思った。

こんなことを書くと、まるでオカルトみたいだが、しかし、「その場の空気」というものなら誰だって感じることがあるだろう。「その場の空気」って、じゃあ、いったい何なのだろうか。空気が張りつめたり、弛緩したり、だらけたりしていると、我々はよく感じることがある。あのときに、我々はいったい何を感じているのか。他人の気を感じるとは、我々がふだんから感じているそういう感覚を、鋭敏にしたものなのかもしれない。

これは、客観的な事実というよりも、むしろ私の主観的な実感として言いたいのだが、あるグループで気功の練習をしていると、なんとなくそのグループの人たちのあいだで、気が合ってくる。気が合うというのは、この人ならば安心だとか、この人なら信頼できるとか、この人は私には嘘をつかないとか、そういう感覚をもつようになる。一般化するつもりはないが、少なくとも私の場合はそうであった。気功理論なら、それはお互いの気が影響を与え合っているのだから、当然だということになるのだろう。

私の場合には、自分や他人の出す気を感じることしかできなかったが、グループのなかには、私と同じ地点から出発して、樹木の気が分かるようになったらしい人もいた。その人は、ひとりだけ大きな木の幹に向かって立ち、両手を幹に向けてかざしながら、じっと立ち尽くしていた。私はそれを見ながら、あそこまで行けるとすごいものだと思っていた。私は、結局、人間以外の生き物の気を感じることはできなかった。その段階にまで行く前に、やめてしまったのである。

この「気」というものが、いったい何なのか、私には分からない。それが生体エネルギーなのか、そうではないのか、はたまた自己暗示なのか、それは分からない。しかし、確実に言えることは、自分の中にわき起こってくるそういうものを体感することができるというのは事実であり、他人が放射する何かを自分がありありと体感できるというのもまた事実であるということだ。

いずれにせよ、重要なのは、気功の訓練を行なっていると、そういう未知の感覚を段階的に獲得していくことができるということ。そして、グループでやっている場合は、その人々のあいだに、なにか普通以上の親密感や信頼感が生まれてくるらしいということ。この二点である。

8　閉じた世界で働く心理

というわけで、我々のグループは、生命科学をテーマとしたボランティアの研究グループであったと同時に、気功サークルでもあったのだ。そしてその両方のリーダーを兼ねていたのが、気功の先生であるBさんだった。Bさんを囲んだディスカッションでは、よく気功のたとえや実例が引き合いに出されたし、気功のレッスンをするときに「地球の癒し」とか「地球生命圏」などのことばが使われることもあった。我々の研究と気功レッスンは、もはや分かちがたく結びついていた。

そういう生活を続けているうちに、私は、しだいしだいに、このグループにのめり込んでいった。そのグループのなかで、Bさんと議論をすること、そして未来について語り合うこと、たまに気功のレッスンを受けること、これらが私の生きがいのようになっていた時期がある。当時私はまだ大学院生で、就職のあても全然なく、自分のやっている生命倫理学なんて学界ではまだ見向きもされなかったから、ここでの活動が、よけいにこころの支えになったのだと思う。

研究テーマについてBさんと議論するときには、私は対等に立ち向かおうと相当の努力をした。お互いの関心と発想方法は驚くくらい似ていたので、シビアな議論が繰り広げられることもあった。研究の企画力と行動力は、Bさんの独壇場であった。この点については、私はBさんを尊敬していた。気功にかんしては、Bさんは私の導き手であった。私はBさんに言われるとおりにレッスンをしようとした。私は気功については、上達が遅かった。だから、Bさんにはこの点で頭が上がらなかった。

集団で気功をしてお互いの気を感じ合ったり、集中的に議論をしてお互いの思考や感性を交ぜ合わせたりしていると、しだいに自他の境目があいまいになってくる。自他の境があいまいになるというのは、ほんとうは錯覚なのだろうが、でもそういう気分になってくる。だんだんとみんな気が合ってくるし、気が合った仲間と一緒にいるのはとても気持ちいいものだ。そんな雰囲気のなかで、自分の過去のことを語り出したり、いままで他人にはしゃべらなかったようなこころの傷について、ぽつりぽつりと話したりできるようになる。他人の人生の話を聞いて感動したり、あるいは、自分がこんなことをしゃべっているということそれ自体に、自分で感動したりする。

グループがそういう雰囲気になると、ふだんならまずは疑ってかかるようなことでも、自然にすんなりと受け入れられたりする。とくに、「気」という、実体のよく分からない神秘的なものを実感し合っている仲間だから、よりいっそう神秘的なことを受け入れやすくなる。

たとえば、こんなことがあった。

ある朝はやく、私は電車にのって郊外のオフィスまで行った。その朝、私は満員電車に揺られながら、性的な妄想にひたっていた。若い男にはよくあることだと思うが、なにかがきっかけとなって性的なイメージがふくらんだら、もうそれを止めることはできない。いますぐマスターベーションをしたい、というくらいまで興奮はたかまっていた。

オフィスについて部屋に入ったとき、その部屋にいたBさんと目が合った。私はあいさつをしたのだが、Bさんは一瞬私の顔をまじまじとみつめて、「おやおや」というふうに言った。そして、「まあ、腰掛けて」と椅子を指さした。Bさんのそういう対応は、いつもの態度とははっきりと異なっていた。それからBさんと雑談をした。Bさんは、誰でも気が乱れているときはあるから、そういうときには気分転換をしてから仕事に向かったほうがいいというようなことを言った。

私は、自分が性的に興奮していることを悟られたと思った。Bさんは私の気を見てそれが分かったんだ。そして、とても恥ずかしくなった。

いま振り返れば分かるのだが、このとき私の頭の中には、〈Bさんは他人の「気」を見ることができる、だから私は性的興奮を見破られた〉という図式が、なんの疑問もなく成立している。よく考えてみれば、Bさんが私の性的興奮を見破ったという証拠は、どこにもない。見破ったかもしれないが、見破っていなかったかもしれない。たしかなのは、Bさんが、あの朝の私の精神状態の異変に気がついたということ、それだけだ。それだけのことだったら、ちょっと敏感な人ならば誰だって気づくことだろう。

でも、我々は「気」のレベルの交流をしているから、他人の性的な気を感じとれても不思議ではないと、私は何の疑問もなく思っていた。私にはまだそんなことはできないが、上級者になればできるのだろう。そう思っていた。そういう考えが、すっと頭の中に入ってくる。そういう雰囲気の中に、我々はいた。

その日、Bさんを囲んで、メンバーたちは長いディスカッションをした。議論が終わって、ご飯を食べているときに、Bさんはこう言った。「議論をしているときに、あなたたちはつい興奮したり、いらだったりすることがある。そういうときには、私はそれをしずめるために、この場所からあなたたちに向かって〈気〉を送っているのだ」。それを聞いたときに、私は、そうか、そうやって議論がうまく進むようにBさんはコントロールしてくれていたんだと、自然に思った。もういちど言おう。この疑り深い私が、「議論の興奮をしずめるために私は気を送っているのだ」というほとんどオカルトそのものの発言を聞いて、そうだったのかと感動しているのである。そのとき私は、我々のことを思ってくれているBさんのことを、とても大切な人だと感じた。感謝したい気持ちだった。

赤の他人が聞いたら、なにをバカなことを言ってるんだと思うようなことでも、いったん前提を共有し、一緒に思考や感情や気を交じり合わせ、その場に溶けこんでしまうと、きわめてあたりまえのことに聞こえてしまう。

こんなこともあった。

あるとき、私はBさんといっしょにオフィスに向かった。車から降りて、私はオフィスのドアを鍵で開けようとする。ところが、鍵の調子が悪くて、何度やってもうまくいかない。ガチャガチャ何回もやっているうちに、Bさんが私を軽く制止する。私は鍵をドアにさしこんだまま、Bさんのほうを見る。Bさんは、一瞬神経を集中するような表情をして、鍵のほうをじっと見つめた。そして、「もういちどやってごらん」と私に言った。私が鍵を回すと、それまで動かなかった鍵が、一発でするりと回転した。ドアが開いた。Bさんは「気を送ると開くこともあるんだねえ」と言った。

私はかなり衝撃を受けた。目の前で、気の力を見せられた。そう思った。そのとき私は、気の力で鍵が開いたんだと何の疑いもなく信じていた。目の前で起こった現象を、「気の力」で説明することの妥当性を、まったく疑っていない。鍵がそのタイミングで開いたのは偶然かもしれないとか、もしそのときに鍵が開かなかったらBさんは何と答えたかというふうに考えることはしなかった。我々が日ごろ鍛錬している気の力なのだと、自然に判断してしまっている。

そのころBさんは、オフィスの会議室で、何人かの人を呼んで気功教室をやっていた。私も、はしっこのほうでそれに参加していた。気功の身体の動かし方を習ったあと、ひとりひとりの身体にBさんは触っていく。私の番がきた。Bさんは私の腰骨のあたりに手をかざす。そこから、すこしずつ上に向かって手のひらを上げてゆく。そのとき、Bさんの手は私の衣服にはまったく触れていないのに、私の腰骨の上のあたりにある骨が、ボリッという音を立てて身体の中で動いた。これもまた、衝撃的な体験だった。Bさんは、気の力で、骨のひずみがとれたのだと説明した。いまだに、あれが何だったのか自分でも分からない。

そのあとBさんはいろんな話をした。誰かが、気の力ってどのくらいのものなのかという質問をした。Bさんは、たとえば人を殴るにしても、ただ殴るのと、気を入れて殴るのとでは、与えるダメージが全然違うと言った。そして、次のような話をしてくれた。あるときBさんは、どこかの道場で、ある人に気の力を見せてくれというふうに言われた。そこでBさんは、目の前に立っているその人の足元に向かって、思いっきり気合を放って、気を打ちつけた。すると、その人は、脚をまっすぐ伸ばした直立不動の姿勢のまま、天井まで飛び上がってしまい、床に落ちて気を失った。Bさんは彼の腰に活を入れて意識を戻らせた。彼の睾丸は身体の中にめり込んでいたらしい。人間はふつう、直立不動のまま天井まで飛び上がったりはできない。そのくらい、気の力は強いのだ。

その話を聞いて、私は、へえーっ、すごいなあと感心した。鍵を気の力で開けたり、私の骨を気の力で動かしたりする実例を見せられているから、その延長線上で、いまの話も自然に受け入れることができる。気を打ちつけられて人間がふっとぶというシーンは、漫画やアニメなどでおなじみだから、そんなに抵抗あるイメージでもない。

私は、自分自身の体験にもとづいて言いたい。

ある前提を共有したり、一緒に思考や感情や気のようなものを交じり合わせたグループの中にいるとき、我々は、根拠の明確ではない話や理屈などを、抵抗感なく受け入れてしまうことがある。かなり疑り深いこの私だって、そうなってしまった。その事実を直視しなければならない。

誤解のないように付け加えておくが、私は、それらの現象が気の力で起きたという可能性を否定しているのではない。ここは確認しておきたい。それらの現象は、ほんとうに気の力によって起きたのかもしれないし、ほかの要因によって起きたのかもしれない。いまの私には分からない。ここで私が言いたいのは、それらの現象が気の力によって起きたという明確な証拠が私にとっては何もないにもかかわらず、当時の私はそれを簡単に信じてしまったということである。私自身のなかで起きた、そういう心理のプロセスのことを語っているのである。

9 「我々だけが正しい」という甘い蜜

前提を共有した閉鎖的なグループのなかで、根拠のないことがやすやすと信じられていくという事実。これは、とても重いことだ。新々宗教の場合にかぎらず、革命運動や学生運動などでもよく見られたことだし、閉鎖的な官僚組織の中でも観察される。我々が親密なグループを形成するときには、必ず見られるといってもよい。しかし、思想や信条や体験の共有を重視するグループの場合に、もっともその傾向は顕著になる。

オウム真理教などのカルトグループから信者の足を洗わせるときには、幅広い情報を与えて、あなたが信じていることには根拠がないんだよと繰り返し言い聞かせるわけで、たしかにそれしか方法はないわけだが、しかしグループが存続している限りそれはたいへん難しい説得になる。というのも、「きみたちの言っていることには根拠がない」という外部からの攻撃こそが、その集団をひとつに結束させてしまうことがあるからだ。

これは誰でも経験していることだと思うが、外部の敵からの攻撃があったほうが、内部の人たちの結束は強くなる。だから政治家は、仮想敵を意図的に外部に作り上げたりする。そうやって、内部の結束をはかるわけだ。

当時の我々のグループも、まさにそういう状況にあった。

我々は、本来はひとつらなりにつながっているはずのこの生命世界を、現代の科学技術がばらばらに分断し、部品化してきたと考えていた。そのことによって、我々の身体の内部では医療のひずみの問題が生じ、我々の身体の外部では環境問題が生じた。だから、現代医療の問題と、環境問題とは根っこが同じなのであって、それを解決するためには、まず現代の科学技術の「部分主義」を批判し、その「還元主義」を批判し、そして真にホーリスティックな科学というものをあらたに打ち立てる必要があると考えた。

ところが、我々のグループに財政的な援助をして、その活動に正当性を与えてくれていたのは、実は、自然科学を推進することを目的としたある団体なのであった。その団体は、多くの自然科学者を役員などに迎え、科学研究をバックアップしていた。我々のグループは、現代における自然科学の方向性を考えるということで、そのサポートを受けていたわけだ。

ところが、我々は、現代の自然科学それ自体が現代の社会問題を生み出す元凶であるという議論を行ない、それを基調としたセミナーなどを開催していた。さすがに、これに対しては、その団体の上部の方から苦情が寄せられ、圧力がかけられてきた。グループの世話人役をつとめていた人が、その圧力を全力でくいとめていたが、その苦しい状況は、議論をしている我々にもひしひしと感じられるようになってきた。

我々の議論は、しだいに、我々に圧力をかけてくる自然科学者たちを念頭におくようになってきた。彼らが日々行なっている自然科学の方法論が間違っているから、さまざまな問題が起きているのである。そのことに気づかない彼らは、我々の主張していることの正しさを分かろうとせず、ただ我々の主張を不愉快に思っているだけなのだ。だから、目障りな主張をしている我々のプロジェクトをつぶしにかかっているのだ、と。

私は自然科学者の役員たちに直接会うことはできなかった。彼らが不満をもっていて、我々をつぶしにかかっているという情報は、グループの世話人たちをとおして間接的に聞いた。しかしそんなことは、どうでもよかった。真実を追求している我々を、権威を笠にきた科学者たちがつぶしにかかってきている。私はそれに負けないように彼らと戦わなければならない。それこそが、我々がいまここでやっている研究の意味なのだし、彼らが怒っているということは、我々が彼らの痛いところを突いているからにちがいない。そういうふうに思って、私はリサーチを続け、みんなと議論を重ねていった。

彼らは間違った方法論にのっとっている。そして彼らはそのことを知らない。生命世界はつながりあっているし、科学はホーリスティックでなければならない。その真実を知っているのは我々の側だ。その我々が、彼らに攻撃を受けている。正しいものが迫害されようとしている。しかし、ここで彼らに負けてはならない。ここでくじけてはならない。自分の信念を貫きとおすのだ。いくら外野があれこれ言ったとしても、それに左右される必要はない。私はやるべきことをやっているのだ。

このときの感覚、そう、まわりから迫害を受けつつ自分の信じることをやりとげようとしているときの、悲壮感に満ちた、しかし至福の時。まわりであれこれ言っている彼らは、本当のことをなにも知らない。彼らが目の敵にしているこの我々こそが、真に正しいことを知っている。真理は我々の側にあるという、このなにものにもかえがたい快感。その快感としあわせを、私はいまでもありありと思い出すことができる。

それは、たとえて言えば、閉ざされた秘密の花園で、我々だけが知っている真理という甘い甘い蜜を、輪になってしゃがんで舐めつくしているという、そういう快感だったと思う。そう、迫害されるのは、甘美なことなのだ。真理が我々の側にあると確信できるとき、それを守って悲壮な戦いを続けることくらい、甘美で、魅惑的なことはない。

真理を知っている我々が、真理を知らない者によって迫害されている。こういう状況に置かれたとき、その真理を守るために、あるいはその真理を彼らにも知ってもらうために、あるいはその真理を実践するためにどうしても必要ならば、「小さな悪」を犯してもしかたがない。こういうふうに思考が進んでいくのは、自然なことである。それは、正しい事実をみんなに知ってもらうためならば、少々データをいじってもかまわないと考えてしまう熱血漢の科学者の心理と似ているのかもしれない。

我々だけが真理を知っているという、この甘い蜜の味を知ったが最後、そこから自力で抜け出すのは容易なことではない。オウム真理教に入った娘を取り戻そうとした父親に向かって、娘が「お父さん、目を覚まして！」と叫んだのは有名な話だが、愛する父親だからこそ、この甘い蜜を味わわせてあげたいという娘の思いは分かる気がする。

10　敵は自分の内側にいる

我々のグループは、その後、さまざまな事情が重なって、内部分裂した。

私は、Ｂさんとは別の道を歩むことになった。すると、Ｂさんがいたおかげで見えていなかったことが、少しずつ見えてくるようになった。Ｂさんという信頼すべきカリスマがいなくなって、自分の目と頭でものごとをすべて考えなければならなくなったとき、私は、世界が自分で思っていたよりも多様であるということを学びはじめたのである。それはちょうど、いままで一方向からしか見えていなかった風景画を、いろんな角度から見ることができるようになったときのような、なんとも言えない解放感にあふれていた。

Bさんは私にたくさんのことを教えてくれたし、私を成長させてくれた。それは事実である。Bさんと出会わなければ、いまの私はない。その意味でBさんは私の先生であったし、私はBさんを尊敬していた。

しかし、Bさんのもとを離れてから私が発見したのは、Bさんの考え方もまた、この世界を眺めるときの、ひとつの見方にすぎないということである。私があれほどこころから共鳴し、この考え方で行くんだと決心していた思想もまた、ひとつの世界像にすぎない。

自分の身体から鱗をはらはらと取り去っていく、このような作業ができたのは、やはりあのグループが分裂してばらばらになってしまったからである。あのグループが存続していたならば、こういう作業はとてもできなかっただろう。プライバシー上、詳しいことは書けないが、外部から持ち込まれたある要因が、それまでの我々のグループの底辺に潜んでいたある矛盾を露呈させ、それが原因となって我々は分裂したのであった。

自分が属していたグループの狭さを思い知り、自分が心酔していた師匠の思想と行動とを相対化することができたのは、ひとえに、グループの外部からやってきた「異物」のおかげなのであった。つまり、私が自分たちのやってきたことを相対化できたのは、外部からの阻害要因があったからなのだ。

だから、共同体の中で甘い蜜を舐め尽くしている人たちに私が言えることは、あなたたちの世界を外部から壊しに来るものがあったときに、それを貴重なきっかけとして活かして、そのチャンスをけっして逃さずに、自らの相対化の作業をしてほしいということだけだ。外部からの異物と交渉することによって、自分を変容させていってほしい。そういう勇気をもってほしい。それが私の、こころからの願いである。

さて、そうやって、私はBさんという庇護者から切り離され、ひとりで立つしかなくなった。生命世界をトータルに把握するという私のテーマを受け止めてくれる学会は存在しなかったし、そんな書物もまだ現われていなかった。だから、私は、生命に関することをトータルに考える学問を、自分ひとりで作るしかないと思った。そして一九八八年に『生命学への招待』を出版して、「生命学」という新しい学問の必要性を提唱した。その本で、私は書いた。生命世界はつらなりあっている。それを人間と自然とに分断するのは間違っている。人間と自然はひとつらなりであるという視点に立ち、我々は人間非中心主義へと一歩を踏み出さねばならない。そして、近代文明が生み出した対立と矛盾を超えて、人間と自然の調和と共生へと向かわなければならない。

しかし、そういうことを書いた当時の私は、まだ、あのグループで議論していたときの世界観から抜け切っていなかったのだと思う。世界はひとつらなりであり、科学主義は敵である。分断と暴力は敵であり、世界は調和と共生に向かわなければならない。そういう考え方から、私は一歩も抜け出していなかった。我々のグループ自身が、調和と共生をみずから達成することすらできず、不幸な形で分裂してしまったという事実が目前にあるにもかかわらず、私はその事実が意味することの重大さを受け止めてはいなかった。それを受け止めることをせずに、頭のなかでは依然として調和と共生とを思索していた。その調和と共生を破壊してしまった科学主義と近代システムをいかに克服すればいいかを、頭の中だけで考えていた。

三〇歳になったとき、子どもが生まれた。私は仕事が忙しくなりつつある時期だったので、育児のほとんどを妻にまかせきりにして、自分は職場でハードワークを続けていた。家に帰ってくると、赤ちゃんが泣き叫んでいる。夕方から夜中にかけて、私も育児の一端を分担しなければならない。それは私をいらだたせた。むずがる赤ちゃんのおむつ換え。汚れたおむつを石鹸水で洗う。寝つかない赤ちゃんを抱いて、揺すりながら眠りまでみちびく。まだにこりともしない赤ちゃんを抱きながら、なんでこんなことに俺の時間がとられなきゃいけないんだと、いらだちがむらむらと沸き上がってきた。どうしてなんだ。なんで俺が、こんなことに、時間をさかなきゃいけないんだ。俺は、やるべきことがいっぱいあるんだ。考えるべきことがいっぱいあるんだ。お前なんかにつきあっちゃいられないんだ。

ある晩、子どもがあまりにもうるさく泣き叫ぶので、いままでこらえていた感情がいっきに身体の底から爆発した。「うるせえなあ」。私はそう叫びながら、手もとにあったスリッパを思いきり子どもに投げつけた。スリッパは、赤ちゃんの横をかすめて、背後の壁にぶつかり、音を立てて跳ね返った。私は、余りの興奮に身体を震わせながら、そこに立ち尽くしていた。私の身体の底からは、激しい、打ち震えるような「怒り」が沸き上がっていた。それは、もうほとんど「暴力衝動」に近かった。私の時間を一方的に奪っていく者に対する暴力衝動が私の身体全体にみなぎっていた。

ふと興奮が去ったとき、私はいま自分がしたことの意味を、はっきりと思い知らされた。生命世界は調和と共生に満ちていなければならないと主張し、そのための倫理原則をあれほど頭のなかで考えていたこの私が、いま、か弱い自分の子どもに対して、なにひとつ抵抗するすべをもたない赤ん坊に対して、本気で暴力をふるったのだ。この子を黙らせたいというはげしい暴力衝動が、ほかならぬ自分自身の身体の底から沸き上がってきたのだ。これはいったい何なのだ。

わが子に向けられた自分自身の暴力衝動を自覚したとき、私のそれまでの思索は無になった。調和と共生とを頭のなかだけで追求しようとした私のすべては、否定された。私にとって、これが本当の転機だった。この瞬間に、私は、科学主義の学者たちを仮想敵として、閉じたグループのなかで甘い蜜を吸っていた、あのときの私自身の誤りを身をもって知ったのである。

敵は自分の外部にあるのではない。敵はほかならぬ自分の内部に巣喰っているのである。生命を問いなおすとは、そういう生を生きている自分自身の姿を問いなおすことなのだ。調和と共生を求めようとしながらも、いちばん身近な人間たちに暴力をふるい、彼らと向かい合おうとせず、彼らを生きにくくしている、この私という存在そのものを、問いなおすべきだったのだ。

閉じた蜜の世界から、こんな当たり前のことを発見できるようになるまで、いったい、どのくらい時間がかかったことだろう。そのあいだに、私はどのくらい多くの人々を苦しめ続けてきたことだろう。いまももちろん苦しめているのだが、いまよりもっともっとたちの悪い仕方で苦しめてきたにちがいない。

11　煩悩の哲学

私は悟りが欲しかった。私は超能力が欲しかった。私は真理が知りたかった。私は権力が欲しかった。私は他人よりも優位に立ちたかった。そして私は死の恐怖から救われたかった。

それらを求めるあがきのなかで、私は神秘体験をし、気功の実践をし、研究に邁進して、仲間たちと甘い蜜を舐め合う共同体を形作った。科学主義という仮想敵を作り、自分たちだけが正しいという気持ちのよい道を突っ走った。その結果、なにが残ったのか。共同体は分裂し、あとに残ったのは、エゴイズムと欲望にまみれたこの私という凡庸な人間だけではないか。口では美しいことをいいながら、自分の子どもに暴力をふるって、怒りに打ち震えているという、そんな私だけではないか。これはいったい何なんだ。

いまは、はっきりと分かる。

私にとって必要だったのは、悟りでも、超能力でも、真理でもなかったのだ。私にとってほんとうに必要だったのは、悟りには至れず、超能力も得られず、真理も獲得できない、そういう凡庸で煩悩に満ちた自分自身を見つめ、それと向かい合うことができるための、ほんのちょっぴりの「勇気」だったのだ。煩悩から逃れることのできない自分というものを、自分自身で納得し、それを受け入れ、そしてその地平から世界を眺め、自分の生き方を決めていく、そういう勇気だったのだ。そういうかたちで自分の人生に決着をつけるという覚悟だったのだ、私に必要だったのは。

もう、悟りはいらない。超能力もいらない。神秘体験もいらない。それらのものは、私の煩悩と限界を浄化するのではなく、むしろ私という存在が日々行なっている暴力と抑圧と悪とを、巧妙に目隠しする装置としてはたらくだけだ。ほんとうは向かい合うべきものから、私の目をそらすための装置としてはたらくだけだ。

だから、いま必要なのは、「煩悩の哲学」だ。

悟ることも、真理に至ることも、信仰することもできない、この矛盾に満ちた、欲望多き私という人間が、その煩悩の泥沼の汚濁に膝までつかりながら、しかしその目は遠く天上をしっかりと見据え、その星座の輝きを導きとしながら、いまここでもがいて生きている私の生の意味というものを見つめ、把握し、そしてこの汚濁と快と苦悩に満ちた人生をどのように生き、それにどう決着をつけていくのかを果てしなく模索してゆく、煩悩の哲学なのだ、私に必要なのは。

私はいままでどれだけ多くの人たちを抑圧し、彼らの訴えかけから目をそらし、彼らを生きにくくし、彼らを踏みつけることで自分が這い上がってきたことだろう。私はいままでどれだけの悪徳を行ない、そこから快楽を盗み取り、権力欲を満たし、支配欲を満たし、そしてそのことで苦しんできたのだろう。私はいままでどのくらい自分のことを自慢し、有頂天になり、うぬぼれてきたことだろう。

しかし、それらすべてを懺悔し、悟りへの修行によってそれらを克服しようという道を、私は選ばない。なぜなら、その道は、私を浄化するというよりも、むしろ私の身体に抜きがたく染みついた根深い煩悩を、見えなくさせるシステムとしてはたらいてしまうからだ。サリンをまいて人々を殺傷しても、それは結局彼らのためだったのだと自己正当化する、そういう装置としてはたらいてしまう危険性があるからだ。自分の悪を、システムや理屈へと責任転嫁してしまう見えざる装置としてはたらく危険性があるからだ。

だから私はその道を選ばない。

私が選び取るのは、私が理想や理屈や美しいことを口では言いながらも、実際の行動ではそれを裏切るようなことをたくさんしてしまう人間であるという、その事実をまず直視する、そういう道である。私が煩悩や凡庸さからけっして逃れきることのできない人間であることを、すなおに認めることからはじめる。これまでもたくさんの人を傷つけてきたが、しかしこれからもきっとたくさんの人を傷つけ続けていくであろうということをすなおに認める、そういう地点から出発する哲学を考えてゆきたいのだ。これからも私は悪徳や裏切りを無数に重ねていくであろうという、その事実から出発したいのだ。

そして、そのことを認めながらも、しかしながらそういう自分にけっして居直ることなく、現状のままでも仕方ないんだと開き直ることもせず、かつ、こういうことで悩んでいるということを自己弁護の道具として使用することもせず、自分を変容させる可能性があるときにはつねに自分の人生を賭け、そうやって自分に内在したペースで生の意味を果てしなく模索してゆく、そういう道があるはずだ。

同じような思いを抱く人々と、謙虚なささえあいのネットワークを形作りながら、そして存在の深みから私に魂のメッセージを送ってくる人間の声を真正面から受け止めようともがきながら、この苦痛と快楽に満ちた泥沼の世界の中を生き切っていく、そういう道があるはずだと思う。いまの私には、まだなにも見えないけれど、その道はきっとどこかにある。

第三章　癒しと救済の罠

1 オウム真理教と尾崎豊

一九八〇年代末から九〇年代初頭にかけての日本社会は、バブル経済の絶頂期にあった。人々は、ものごとを深く考えるのをやめて、その場その場の楽しみと気晴らしだけに生きようとした。重厚なものは敬遠され、軽くて「おしゃれ」なことに関心が集中した。「生きる意味とは何か」なんて言う奴はバカにされた。昼は景気のいい話に明け暮れ、夜は盛り場で虚飾のラブゲームに没頭する。それが都会のライフスタイルとなった、とマスコミは報じた。

いまから振り返れば皮肉な話だが、そのバブルの時代こそ、オウム真理教が勢力を一気に拡大した時期なのである。バブル景気で、人々がうわべの華やかさに酔いしれているそのときに、「こんな社会ってどこかおかしいのではないか」という若者の隠れた思いをすくい上げて成長したのが、オウム真理教だった。

ちょうど同じころ、音楽の世界で、「正しいものは何なのか」「俺が生きる意味は何なのか」をどこまでも直線的に追い求めていた人間がいる。ロック歌手の尾崎豊である。軽薄短小なものがもてはやされたこの時期に、自由や正しさや生の意味を歌い続けた尾崎は、一般社会からは脚光を浴びることはなかったが、しかし若者の口から口へとそのうわさは広まり、いつのまにかテレビに出ない大スターへとのぼりつめていった。この虚飾に満ちた管理社会のなかで、生の意味を問い続ける尾崎の姿勢は、十代の人々に熱狂的に受け入れられ、若くしてカリスマとなった。しかし、それもつかのま、一九八八年に覚醒剤所持で逮捕される。

尾崎はその後、釈放されてから、再デビューをする。コンサートツアーも成功させる。しかし、ふたたびみずからの限界にぶちあたり、一九九二年、二六歳の若さで謎の死をとげたのであった。

オウム真理教も、尾崎豊も、この汚濁に満ちた社会の中で私はどのように生きてゆけばいいか、正しいものは何なのか、生きることとの意味はいったい何か、そういう問いを八〇年代にまっすぐに追い求めていった。一方は社会の外部に修行の共同体を形成し、他方は商業的音楽活動を活躍の場にした。そして九〇年代に入って、オウム真理教は反社会的行為によって崩壊し、尾崎は音楽的・思想的行き詰まりを乗り越えることができずに死亡する。

一九八〇年代の後半から九〇年代のはじめにかけて、「オウム真理教」と「尾崎豊」というふたつの社会現象が同時に発生し、そして同時に終焉していったことの意味を、いまいちど立ち止まって考えてみるべきだと思う。尾崎豊がデビューしたのが一九八三年、死亡したのが一九九二年。オウム神仙の会の前身が発足したのが一九八四年、地下鉄サリン事件が一九九五年。この同時性は、けっして偶然ではない。

本章で尾崎豊の音楽に注目するのは、しかし、尾崎の活躍の時期がたんにオウム真理教とだぶっていたからだけではない。

私は、宗教の道を通らずに世界の謎に立ち向かっていくときの孤独を、ゆるやかにささえあうような人々のつながり方が必要だと言った。そしてそれは、自分がけっして欲望や悪や煩悩から逃れられないという事実をしっかりと見据えるところからスタートする、煩悩の哲学にもとづかなければならないと言った。

三十代になって私があたらしい仕事をひっそりと始め、それがなかなかはかどらず、私のしていることを理解してくれる人がまわりにはおらず、疲れと孤独のなかで絶望の底に落ち込みそうになっているとき、私は尾崎のCDを聴くことでかろうじてなぐさめられ、はげまされ、力づけられた。すでに死んでしまったはずの尾崎のことばと歌声は、イヤホーンから、まっすぐに私のこころの中へと届いた。孤独の中から希望の光を見出そうとしているのはこの私だけではないということを、ありありと実感することができた。

それだけではない。あとで詳しく述べるが、後期の尾崎は、自分の中にあるどうしようもない欲望や煩悩をありのまま見据え、そこに立脚することで、「ほんとうの自分」と「癒し」とを探し求めていた。彼は天上へと昇華することによって救いを得るのではなく、この欲望にまみれた地上に立ち止まりながら、解答を模索しようとしていた。彼は、はっきりと「煩悩の哲学」を考えていたのだ。

尾崎の音楽のなかには、「孤独をささえあうつながり方」と「煩悩の哲学」の可能性が秘められている。しかし彼はそれを開花させることができなかった。

だから、回り道になるかもしれないが、ここでどうしても尾崎豊のたどった成功と没落の道筋を解剖しておかなければならない。彼が、商業的成功のあとで、どうしてオウム真理教と同じ罠にはまっていかざるを得なかったのかを、きちんと分析しておかなければならない。

もちろん、この時期に「生きる意味」を求めて音楽活動をしていたのは尾崎豊だけではない。しかし、オウムと同時代を生きたアーチストが抱え込まざるを得なかった、ある典型的なドラマを、私は尾崎のなかにもっとも鮮烈に見出すのである。

2　宗教へ向かう尾崎の音楽

尾崎が一貫して歌い続けたのは、この現代社会のなかで、私はどのように生きてゆけばいいのかということだ。苦しみとよろこびの錯綜するこの社会のなかで、どうやって生きる意味を見出していけばいいのか。それが生涯のテーマだった。

前期のメッセージは、誤解を恐れずに言えば、「倫理学」のメッセージである。そこで語られるのは、「正しさ」であり、「自由」であり、「愛」である。後期のメッセージは「宗教」だ。「欲望」「罪」「安らぎ」「いのち」。それらが歌のなかにあふれている。尾崎豊の精神世界は、倫理学から宗教へと大きく変容していったのである。

まず、彼が前期に集中して歌った「倫理学」のメッセージを見てみよう。

最初のメッセージは、「正しいものは何なのか」「ほんとうの自分とは何か」「生きる意味とは何なのか」それらを探したいというものである。

我々は昼のあいだ、学校や会社であくせくとはたらき、管理社会のなかで身体もこころもぼろぼろになっていく。毎日、決まりきった時間に学校や会社に出かけて行って、そこで決められた勉強や仕事をして帰ってくる。自分がするべきことは、あらかじめ誰かによって決められていて、あとはただそれを黙々とこなしていくだけ。自我を殺して、与えられるものを言われたとおりに処理していくことだけが求められる。

それら疲れきったサラリーマンや少年たちは、夜になると、社会や学校などの束縛から解き放たれ、つかのまの自由と快楽に身をまかせる。夜の街に繰り出して、酒や異性や音楽や踊りやけんかなどに没頭する。夜の街は、そういう男と女の欲望を、無限に吸い寄せていく。少年たちは家を抜け出して、バイクにまたがって夜の街路を疾走する。

尾崎は、現代の都市に生きる人間というものを、昼と夜のあいだをあてどもなく憑かれたように行き来する存在としてとらえている。

尾崎は訴えかける。こんなことを、延々と繰り返していくいまの自分の人生って、どこか間違っているんじゃないだろうか、と。

ほんとうは、もっと別の生き方があるんじゃないだろうか。ふだんはとても忙しいし、めんどうくさいから、そんなことは考えないようにしている。でも、やっぱり、私はなにか間違った生き方をしているのではないのか。

社会は金と欲望で動いている。学歴のあるものが優先される社会だし、結局、金と権力を握ったものが得をするようにできている。そんなことは分かっている。しかし、そういう社会に、ただのみこまれていくだけが人生なのだろうか。こんな社会のあり方は、何かが違うんだ、これとは別の「正しいもの」がどこかにきっとあるはずなんだ。人々は言う。「よーするにみんな楽しくて気持ちよければそれでいいじゃん」。しかし、人生ってそれだけじゃないはずだ。気持ちよさだけに解消できない、なにか「正しいもの」があるはずだ。

そういう「正しいもの」「真実」へ、どうすればたどり着けるのだろうという叫びが、尾崎の歌には満ちている。

僕が僕であるために　勝ち続けなきゃならない
正しいものは何なのか　それがこの胸に解るまで（「僕が僕であるために」）

この「正しいもの」は、「ほんとうの自分」ということばでも繰り返される。後期になると、「生きる意味」ということばが強く押し出されるようになる。

「正しいもの」「ほんとうの自分」「生きる意味」とはいったい何か。これこそ、尾崎が一貫して歌い続けた最大のテーマである。もちろん、初期の尾崎は、その内実をまだ示すことはできなかった。しかし、「正しいもの」を求め続けたいという彼のこころからの叫びは、彼の歌を聴く者に強く訴えかける。そして、その叫びを共有することによって、聴く者は、この上ないエネルギーと生への希望を尾崎から与えられる。そういうメッセージを全身で受け取るために、私は尾崎の歌を聴く。

第二のメッセージは、「自由」である。

この社会は隅から隅まで管理された、管理社会である。管理社会のなかでは、我々の生はすべて基本的にはコントロールされており、そこに真の自由はない。我々は、定められたルールに従って動くことによってはじめて、会社から給料をもらえるのであり、学校のなかで存在を許されるのである。

もちろん、我々の社会のなかにも、暴走族や暴力団のようなアウトローは存在する。しかしながら、そういうアウトローの行ないをもまた、システムのひとつの異端的な振舞いとしてあらかじめ計算した上で全体を管理しているのが、現代の高度管理社会なのだ。暴走族なんかは、一見「自由」を得ているように見えるが、基本的には警察権力などによって泳がされているだけ。そこでの自由は、見せかけの自由にほかならない。若者の不満の、比較的安全なはけ口として、黙認されているだけなのだ。

システムからの自由さえもが、そのシステムのなかの選択肢として組み込まれているという、そういう社会に我々は生きている。そこでは、この、かけがえのない「自分」というものが、どこまでも見失われていく。管理社会のひとこま、そのひとつの歯車として回収されることのない、この「自分」というものの実感が、どんどん失われていく。

だから、管理社会の流れに逆らって、このかけがえのない「自分」というものをいまここで取り戻してゆくことが、ほんとうの「自由」につながるはずだ。

「自由がほしい！」と、尾崎は繰り返し歌う。

自由になりたくないかい　熱くなりたくはないかい
自由になりたくないかい　思うように生きたくはないかい
自由っていったいなんだい　どうすりゃ自由になるかい
自由っていったいなんだい　君は思う様に生きているかい　（「Scrambling Rock'n'Roll」）

しかし、こんなに「自由」を求めてみても、結局それは得られない。

さかりのついた獣の様に　街はとてもDangerous
入り口はあっても出口はないのさ　奪いあっては　さまよう街角

（「Scrambling Rock'n'Roll」）

「入り口はあっても出口はない」この管理社会では、出口＝自由は存在しない。

尾崎は、バイクに乗ってぶっとばすときに、「自由になれた気がした15の夜」（「15の夜」）と歌うが、あくまでもそれは自由になれた〈気がした〉だけなのだ。この社会では、ほんとうの自由はけっして得られない。そういうペシミズムがある。

こうした自由の追求は、やがて「死の衝動」へと向かっていく。

この現実世界では、我々はけっしてほんとうの「自由」を得ることはない。しかし、それにもかかわらず、我々がほんとうの「自由」を手に入れる方法がひとつだけある。それは、死ぬことによってである。私が、おそらくは自殺によって、死を選ぶとき、私ははじめてこの社会システムから抜け出すことができ、ほんとうの「自由」を得ることができ、「本当の自分」にたどりつくことができる。「入り口はあっても出口はない」この社会のなかに、唯一開いている自由への出口が、「死」の出口なのである。尾崎の代表作「卒業」の最後の三行は、このことを歌っている（「卒業」の解釈については、山下悦子『尾崎豊の魂』ＰＨＰ研究所、一九九三年／上田紀行『宗教クライシス』岩波書店、一九九五年参照。私はこの歌を「死の歌」と解釈する)。

尾崎の第三のメッセージは、「愛」である。

それは、いくらふたりが惹かれあい抱きしめあっても、けっしてふたりは交わりあえないという「愛の絶望」のテーマである。この基調は、多少の揺れはあっても、初期から最後まで一貫している。

人は孤独だ。しかし人は、ひとりではけっして生きていけない。だから私には、あなたが必要だ。だから私は、あなたを抱きしめる。抱きしめて、愛しあって、あなたと一体になろうとする。しかしそのときに気づいてしまうのは、いくらふたりがしっかりと抱きあったとしても、結局ふたりは別々の人間だということ。ふたりが一体となることはあり得ない。いつも最後は、私が、ひとりで取り残される。あなたを愛したい。そして、この私の孤独を癒したい。それなのに、あなたと抱きあったあとに、いつも私はもとの孤独に引き戻される。

尾崎は、ふたりが一体となるような愛を信じていない。抱きしめあうことによって、ふたりが一体となるような形の愛は成立しない。そのあとで、いつも、ひとりぼっちで取り残される自分に苦しむだけだ。しかしそれでも尾崎は、私を抱きしめてほしいと叫び続けるしかないのだ。

初期から後期への移行のなかで、尾崎は、この問題を打開するひとつの方向を示しはじめる。それは、愛の絶望に打ちひしがれ、ひとり孤独に立ち尽くしている人々を、はげまし、勇気づけるという姿勢である。愛を達成できなくて、孤独から逃れられなくて震えているのは、けっしてきみだけじゃない。未来への扉は、きっとどこかにあるはずだ。

人間はどこまでいっても孤独だ。孤独を打ち破ろうとして愛を求めるこころは、かならずどこかで壁にぶつかる。しかし、それは、きみだけじゃないんだ。愛を求めて苦しんでいるすべての人が、そういう壁に直面するのだ。つらいのは、きみひとりじゃない。きみは、その悩みをかかえているという点では、けっして孤独ではない。

尾崎の愛への憧憬は、いつしか、苦しむ他者へのはげましへと変容していく。

尾崎のこのようなはげましと勇気づけは、死の直前のコンサートなどに典型的にあらわれている。

尾崎の苦悩は、孤独をかかえた人間が、その孤独を癒すためにいくら愛を求めても、結局それが人々を結び合わせないことにあった。こんなに抱き締めあっても、ぼくたちは離ればなれだ。徹底して孤立した存在でしかないひとりひとりの人間を、どうやって苦しみと絶望の淵からすくい上げればいいのか。自分自身の苦しみは、誰が、どうやってすくい取ってくれるのか。

尾崎の思索は、男女の恋愛としての「愛」から、人間の存在の苦しみをすくい上げる救済としての「愛」へと、徐々にシフトしてゆく。尾崎の音楽は、しだいに宗教音楽の色彩を持ちはじめる。

3　ほんとうの自分を求めて

ほんとうの自分を求めようとしても、それを得られない焦り。そして愛の絶望と閉塞感から、尾崎はしだいに覚醒剤に手を出すようになる。

欲望の渦、快楽の誘惑、孤独と不安からの逃避、社会への反抗、日常へのいらだち、人間関係のトラブル、そういった状況に呑みこまれるなかで、尾崎はドラッグに走った。それは彼を恍惚の状態へと導いたが、しかし彼に根本的な解決を与えなかった。日常と幻想のあいだを、そして快楽と苦悩のあいだを、よけいはげしくさまよう結果しか生まなかった。

そんななかで、尾崎はしだいに自分自身の「罪」というものを感じはじめるようになる。自分は罪を犯し、なにか超越的なものによって裁かれるのだ。泥にまみれた自分の存在を、天にある超越者との関係でとらえはじめる。男女の愛のテーマは、しだいに、「救済」の愛へと変質してくる。そして、自分の限界ある生を受け継ぐ「いのち」というものを意識するようになる。ドラッグへの没入と、そこでは何も得られなかったという自己否定を経て、尾崎はしだいに宗教へと自分の進路を向けはじめるのである。だが、宗教の次元へと足を踏み入れたとたんに、彼は人生最大の危機を迎えることになるのだ。

その話にはいる前に、九〇年に復活したときの、彼の音楽を見ておこう。そこには、初期には見られなかった宗教性があふれている。正しいものと自由を追い求めた若き尾崎は、ドラッグにおぼれて地獄に堕ち、その絶望のどん底からはいあがって、宗教的なものと出会ったのである。

歌の内容も、正しいものや自由をストレートに歌いあげるのではなく、正しいことが結局はできず、自由も得られなかった、この欲望にまみれた自分というものを、どこまでも見つめてゆくものとなる。そしてその最底辺から、「愛」や「本当の自分」や「癒し」を模索しようとする。

「LOVE　WAY」のなかで、尾崎は次のように歌っている。

人々はこの世で欲望にまみれて生きている。その「心と体を支えている炎の欲望」に突き動かされて、人々は夜の慰安に身をゆだねている。その快楽と偽善につつまれた欲望の世界は、人々から心を奪ってゆく。

人間の欲望を歌った尾崎の詩は美しい。

真夜中の街並みに　狂い出した太陽が
欲望の形を変えて　素肌から心を奪ってく
〈中略〉
欲望の暗闇に　狂い出した太陽が
この狂った街の中で　慰安に身を隠す人々を照し出してる（「ＬＯＶＥ　ＷＡＹ」）

尾崎は欲望と戦う。

昨晩　一晩中　欲望と戦った
君を包むもの全てが　僕を壊すから（「太陽の破片」）

しかし、それを克服することはできない。

欲望にまみれて生きている尾崎を襲うのは、自分が取り返しのつかない「罪」を犯しているという感覚である。心を失っていく人々が背負うのは、償うことのできない罪である。

Love Way　何かに裁かれている様な気がする
Love Way　何かが全てを罪に陥れていく様だ
Love Way　何かを償う事すら出来ないとしても
Love Way　生き残る為に愛し合う事は出来るだろうよ（「ＬＯＶＥ　ＷＡＹ」）

尾崎が「心」を失っていくと歌うとき、それは「正しいこと」や「道徳」を判断する倫理的な心のことだと私は思う。あれほど「正しいこと」「本当の自分」を求め続けたはずの自分が、身体の底からわきあがってくる欲望に打ち勝つことができず、それに溺れてしまう。そういう道徳の心を失ってしまった自分を自覚したとき、尾崎は「罪」を感じ、誰か超越者によって裁かれているという感覚をもつようになる。

しかし、罪を背負った彼は、懺悔によって欲望を否定する道に進むのではない。

心と体を支えている炎の欲望
全ての終わりを感じてしまう時にさえ俺は
生きる為に汚れていく全てが愛しい（「ＬＯＶＥ　ＷＡＹ」）

尾崎は、罪と、超越者からの裁きを切実に感じながらも、自分は「欲望」の側に立とうとしている。「生きる為に汚れていく全てが愛しい」と、欲望にまみれて汚れて生きてしまう生を、肯定する。尾崎は、欲望にまみれるしかなかったみずからの存在を直視し、そこから目を離そうとはしない。彼は、はっきりと「煩悩の哲学」をめざしているのだ。そういう地点から、どのようにして自分の罪を引き受けるかを考えようとしている。そういう地点から、天なる超越者と会話しようとしている。

地上で欲望にまみれて立ちつくす自分と、その頭上はるかに存在している何か超越的なもの。そういう垂直的な図式、すなわち「地上の私」と「天上の神」が無限の距離をへて直接対面するという感覚を、尾崎は強く押し出すようになる。

尾崎の最高傑作だと私が思う「永遠の胸」のなかで、彼はその超越への問いを、さらに「いのち」の問いへと展開している。

一人きりのさびしさと孤独を背負いながら生きていくそんな暮らしのなかで、私はどうやって人の愛を受け止めていけばいいのかと、尾崎は歌う。そして歌の後半に至って、人を超えるものへのまなざしが登場してくる。

信じたい　偽りなき愛を　与えてくれるものがあるなら
この身も心も捧げよう　それが愛それが欲望
それが全てを司るものの真実　なのだから（「永遠の胸」）

私に偽りなき愛を与えてくれるものがあるのなら、それに身も心も捧げたい。なぜなら、それは「全てを司るもの」の真実だからだ。

断崖の絶壁に立つ様に夜空を見上げる
今にも吸い込まれてゆきそうな空に叫んでみるんだ（「永遠の胸」）

この、ささやくように語り出される二行は、以前にも述べた、尾崎の基本的な世界感覚である垂直構造イメージを見事に示している。自分はいま断崖絶壁の縁に立っている。見おろせば、足元には無限の深淵が口を開けている。そして空を見上げれば、頭上はるかに吸い込まれていきそうな夜空が広がっている。断崖絶壁の底なしの深淵と、遠くはるか頭上に輝く天上と、その無限の距離の中間に、私はいまあぶなげな足取りで立ちつくしている。そして尾崎は、その無限に遠い夜空にむかって手をさしのべ、叫ぶのだ。彼が叫ぶ、その夜空の果てにいるもの、それが尾崎にとっての神にほかならない。

何処へ行くのか　大地に立ち尽くす僕は
何故生まれてきたの
生まれたことに意味があり　僕を求めるものがあるなら
伝えたい　僕が覚えた全てを

限り無く幸せを求めて来た全てを
分け合いたい　生きて行くその全てを（「永遠の胸」）

「何故生まれてきたの」と、この歌で一カ所だけ、尾崎は叫ぶ。正しいものを求めながらも欲望にまみれて地獄へと堕ちてしまったこんな私が、どうしてこの世に生まれてきたんだ。尾崎はけっして答えの出ない問いを、夜空の神に向かって、限りなく遠くにいる存在者に向かって絶叫するのだ。

私はなぜこの世に生まれてきたのか。そして私はどこへ行こうとしているのか。これが尾崎の発する根源的な問いである。それは、「私はどこから来て、どこへ行くのか」という、哲学・宗教の根本問題にほかならない。

彼は次の行で、その叫びを、生まれたことの意味、すなわち「生きる意味」「人生の意味」へと転換する。「生きる意味」って、何だ。私が快楽と絶望とさびしさのなかで生きてきた、その生の意味とは、いったい何だったのか。もがき苦しみ、裏切りに傷つき、女を愛そうとし、ドラッグにおぼれ、正しいものを求めようとあがいてきた、この私の生の意味とはいったい何だったのか。

その問いを、尾崎はこんなふうに受け止めるのだ。

生きる意味とは、私を求める者に、私が覚えたすべてのことを伝えることである。私がいままでの人生のなかで、学んだこと、知りえたこと、数々の失敗のなかでつかんだこと、そして私が達成できなかったこと、それらすべてを、これから自分を超えて次の時代に生きていこうとする者に、ありのまま伝えていくこと、それが私の「生の意味」であると尾崎は言うのだ。それらを伝えたい、そして彼らと分け合いたい。けっして答えの出ない問いを、なんども絶望の淵に堕ち込みながら、人生の失敗を繰り返しながら、それでもまっすぐに追い詰めようとした私の軌跡を、次の時代を生きるものに伝えていきたい、分け合っていきたい、そういう願いがあふれている。

前期の尾崎では答えの出なかったこと、すなわち「生きる意味とは何か」という問いに、彼はようやくひとつの答えを出すことができたのだ。いま自分がここで力尽きて倒れたとしても、自分が覚えたすべてのことを伝えていくことで、この汚辱に満ちた生が救済されていく。

尾崎が「伝えたい」というとき、彼の脳裏にあったのは、まず尾崎の音楽を聴いてくれるファンの人たちだ。が、もうひとつ確実に存在したのは、ちょうどその時期に誕生した彼の子どもの姿であろう。このアルバムのタイトルは『誕生』と名づけられている。そこにこめられたのは、ひとつには尾崎自身の復活＝誕生というメッセージであり、もうひとつは彼の子どもの誕生であったはずだ。尾崎が、「僕を求めるもの」と言うとき、彼はきっと、生まれたばかりで親を頼ってかよわい手を伸ばしてくる自分の子どものことを連想していたにちがいない、と私は思う。尾崎にとって、子どもこそ、自分の人生の限界をこれから突破していってくれるかもしれない、無限の可能性として映っていたのではないか。そして、その子どもの姿の背後に、自分のこころの叫びを受け取ってくれる無数の匿名のファンたちを透かし見ていたのではないだろうか。

だが、私はここでもまた、この尾崎の詩のなかに、「死」の匂いをかぎとってしまう。尾崎が、こんなにはげしく、僕が覚えた全てを伝えたいと歌うとき、私はその裏に「僕が死んでしまったあとでも、きみはそれらを受け取って、強く生きてほしい」というメッセージを感じ取る。

「永遠の胸」の最後のフレーズを見てみよう。

僕はいつでもここにいるから
涙溢れて何も見えなくても
僕はいつでもここにいるから（「永遠の胸」）

「涙溢れて何も見えな」いの主語はいったい誰か。それは、尾崎の葬式に参列して涙にくれている親しい人たちなのではないか。彼らに向かって、僕はいつでも死の世界、死の永遠の世界にいて、きみたちをいつまでも見守っているからと、そう語りかけているのではないのだろうか。そういうシーンを、彼はどこかで予想していたような気がする。

同じアルバムに収められた最後の曲「誕生」では、自分の子どもに向かって生きる意味を伝えようとする尾崎の意図が、もっと直線的に表現されている。

産声を上げ　そして立ち上がり　やがて歩き始め　一人きりになる
心が悲しみに　溢れかき乱されても
脅えることはない　それが生きる意味なのさ

Hey Baby　忘れないで　強く生きることの意味を
Hey Baby　探している　答えなんかないかもしれない
何ひとつ確かなものなど見つからなくても
心の弱さに負けないように立ち向かうんだ
さぁ走り続けよう　叫び続けよう　求め続けよう
この果てしない　生きる輝きを

新しく生まれてくるものよ　おまえは間違ってはいない
誰も一人にはなりたくないんだ　それが人生だ　分かるか（「誕生」）

誰も一人にはなりたくない、それが人生だ。悲しみにかき乱されても、脅えることはない、それが生きる意味だから。尾崎は、自分が悩み苦しんできた孤独や不安を、それが人生であり、生きる意味だと肯定している。

そのうえで、強く生きることの意味を忘れないでと語りかける。答えなんかないかもしれない、確かなものなんか見つからないかもしれない。でも、それに負けずに、生きる意味を求めて走り続け、叫び続け、求め続けよう。それが「生きる輝き」なのだから。尾崎はそう歌う。〈忘れないで　強く生きることの意味を〉。それは、誕生してきた新たな生命に向かって尾崎が発する、はげましのメッセージである。

どうしようもない自分の限界を突き破ろうと、走り続け、叫び続け、求め続ける、そういう試みそれ自体を、次世代の生命へ連綿と伝えていく。ここには、ちっぽけな私の生と死をのりこえて無限に前進する「生命の連鎖」に未来を託すという、祈りに似た宗教性がこめられている。

そして、自分の子どもに生きる意味を語りかけ、将来を生き切るようにはげましてゆく尾崎の視線は、そのままの形で、ファンを前にしたコンサートにも反映されていく。尾崎はファンに向かって生きる意味を説き、その苦しみをステージの上から癒してあげたいと語る。しかしその尾崎の姿勢は、やがて、彼自身をどうしようもない窮地へと追い込むことになるのである。

4　癒しとしてのロックンロール

尾崎の行きついた場所、それは「癒しとしてのロックンロール」だ。

尾崎が苦しんだのと同じような苦しみを背負い、その日常からいっときでも逃れようと彼のコンサートに集まってくるファンたちに向かって、ステージの上から、きみたちのことはよく分かる、俺もずっとそうだった、だからみんな、気を落とさないで力強く生きてゆくんだ、と叫び続ける。

尾崎のその叫びを全身で受け取ることによって、ファンもまた、苦しんでいるのは自分一人ではないんだということを身をもって知り、そして深い癒しへと導かれるのである。ドラッグによって絶望のどん底にまで堕ちた人間が、いまステージの上で、こんなに美しい歌をうたっている。裏切られ、傷つき、社会に反抗し、人生に失敗したあの尾崎が、いまステージに復活してこの俺たちをはげましてくれている。人間は、失敗と絶望からこんなに美しく立ち上がることができるのだ。いまの私も、苦しみと不安といらだちにさいなまれているが、尾崎の言うように、もう少しふんばって、自分に負けないように生きていけるかもしれない。ありがとう、尾崎。はげましてくれて、ありがとう。美しい歌を、ありがとう。

尾崎は、ステージの上から、次のようなメッセージを発している。

きみと同じ悩みや苦しみや孤独や希望をもった俺が、そして人生に失敗し絶望のどん底にまでいったん堕ちた俺が、いま、このステージの上から、きみひとりのためだけに、孤独と希望の歌をうたい、きみを力づけ、はげまし、なぐさめ、癒してあげる。人生に疲れ、夢を失いそうになったとき、そんなとき俺の音楽を聴いてくれ。俺はいつでも、きみのそばにいる。そばにいて、きみを見守り続けている。

尾崎は、何万人も入った観客席の、すべてのファンに向かって、こういうメッセージを送り出す。しかし、観客の目から見たとき、そのメッセージは、あたかも、ここにいる、この私ひとりに向かって発せられたものとして受け止められるのだ。尾崎は、この私ひとりのためだけに、はげましのことばをかけてくれている。そういうふうに、すっと納得できるような声と語り口で、尾崎は発声する。

ほんとうは不特定多数に向かってしゃべっているのに、あたかもこの私だけに向かってしゃべってくれたように感じるコミュニケーションのことを、社会学では「パラ・ソーシャル・インタークション」と呼ぶが、尾崎のステージはその典型であろう。

この私だけに向かって語ってくれているのだと思えるとき、そのことばは、私のこころの奥深くまで届く。それは、私がこころの底でかかえていた、不安や恐れという感情にまで届くのである。そしてそれらをやさしく包み込んでくれる。

尾崎豊の、癒しとしてのロックンロールが、どのような地点にまでたどり着いていたのか。彼の死の数カ月前に行なわれたライブステージを聴くと、それがはっきりと分かる。その夜の模様は、アルバム『約束の日』に収められている。これは、その夜のステージの模様を完全収録したものであり、尾崎と観客とのやりとりが緻密に記録されている。

ロックコンサートに行ったことのない人がこれを聴くと、たぶん、新々宗教か何かの集会の様子ではないかと感じてしまうかもしれない。そのくらい、尾崎と観客の親密度は高い。ロックコンサートでは、しばしばこのような親密な虚構関係がステージと観客席のあいだに自発的に作り上げられてしまうものであるが、それにしても尾崎の場合は異様である。ほとんど、宗教的カリスマと、その信者たちといった雰囲気だ。

この日のコンサートの中盤の盛り上がり部分である「Freeze Moon」を聴いてみよう。激しいビートにのって、尾崎は絶叫しながら歌いはじめる。ほとんどシャウトの連続で、その声はよく聞き取れない。絶叫と興奮のうちに曲は前半部分を終え、バックバンドが突然音量を下げる。ここから尾崎の語りとアドリブがはじまる。

ピアノのやさしい伴奏が繰り返される。観客席からは、ざわめきのような拍手と、「オザキー」の声援。男の声と女の声で、あちこちから「オザキー」が聞こえる。

尾崎が歌うように語りはじめる。観客たちが反応できるように、間をたっぷりとりながら。

「みなさん〜」（うぉーっ、という歓声がわきおこる。拍手の嵐）
（「オザキー」の絶叫があちこちからする）
「今夜は〜」（盛り上がる拍手。女の声で「オザキー」。男のだみ声で「オザキー」、つられるように「オザキー」があちこちから）
「五六番目のコンサート」（うぉーっ。拍手。「オザキー」）
「代々木オリンピックプールへようこそ〜」（拍手。「オザキー」）

「せいいっぱいの〜」（きゃー。うぉー）
「ぼくらがかなでる音楽と〜」（拍手。おぉー）
「すてきなぼくらの笑顔は〜」（拍手。わー。おー）
「すべて　あなたのために〜」（わー。きゃー。拍手の盛り上がり）
「おいらは〜」（「オザキー」）
「さみしがりやのロックンローラー」（「オザキー」「オザキー」「オザキー」。後方から男の声で「ずっと歌ってくれよぉ」）
「きみの　凍てついたこころを〜」（観客席、静寂）
「癒して　あげることのできる　ロックンローラー〜」（うぉー。拍手。「オザキー」の嵐）

尾崎がひとこと歌いかけるたびに、観客席からは、歓声と、拍手と、「オザキー」のかけ声がやすみなくこだましてくる。とくに、「オザキー」の声援は、女たちの黄色い声と、男たちのだみ声が交互に繰り返されて、独特の雰囲気を作り上げる。ステージ上の尾崎は、そういった観客の反応を確かめながら、ひとつひとつゆっくりと歌い語りかけていく。

「ん〜んん」（「オザキー」）
「きみのために〜」（男の声で「ありがとう！」「オザキー」「うぉーっ」拍手。女の金切声で「オザキー」）
「この日を待ち続けた」（拍手。「オザキー」）
「きみたちの」（「オザキー」「オザキー」。男の声で「今夜は最高だぜ！」。それを受けて歓声と拍手）
「なぜぼくが　歌い続けてきたのか」（観客席、静寂）
「思い出していたのは」（静寂）
「きみたちの」（静寂）
「あたたかな」（静寂）
「声援と拍手」（とどろきわたる大歓声と拍手の嵐。熱狂するファン）

「裏切られ　裏切り　裏切ることなど　できるものか！」（大拍手）
「きみたちの〜」（静寂）
「その暖かなこころが」（静寂）
「分からない」（静寂）
「ものか」（拍手）
「俺にはわかるのさ」（うぉーっ。拍手と大歓声）

このあとに、感動的なシーンが来る。
観客席から、ステージ上の尾崎に向かって、「落ちるなよ！」の声がとぶ。思わず観客席には笑い声が。「落ちるなよ！」とは、一九八四年に日比谷野外音楽堂でのコンサートで、七メートルの照明段から尾崎が思い余って観客席の方に飛び降りて、左足を骨折した事件を念頭に置いた、ファンからの掛け声だ。ステージの端に近づいた尾崎を思いやってのことばだったのだ。
それを聞いて、尾崎はアドリブで答える。

「いちどそこへ落ちた人間が　這い上がってきたんだぜ」

観客席からは、割れるような拍手。尾崎は続けて言う。

「だからみんな、いつまでも夢を捨てないで。いつまでも〜」

このシーンは、尾崎豊の癒しのメッセージの核心部分をみごとに示している。

「いちどそこへ落ちた人間が　這い上がってきたんだぜ」というのは、かつて飛び降りて骨折した自分が復帰していまここで歌っていることと、ドラッグにおぼれて逮捕されてどん底にまで堕ちた自分が、いま復活してここで歌っていることの両方を意味している。一度どん底にまで堕ちて、絶望を味わいつくしたこの俺が、いまみんなの目の前で、ほら、こうやってふたたび歌っているじゃないか。この俺を見てくれ。立ち直って、こうやって歌っているこの俺の姿を。

きみもいまは苦しいかもしれない。絶望の淵にたたずんでいるかもしれない。それは分かる。なぜなら、俺自身がそうだったからだ。人間関係に破れ、ドラッグにおぼれ、裏切られ、底の底まで堕ちた。でも、そんな俺が、いまこうやって復活してきたんだ。ステージに上がって、みんなのまえで、ほら、歌をうたってるんだ。人間がもっている、その立ち直りの力を信じるんだ。どん底から這い上がってくる、その力を信じるんだ。だから、いくら絶望に落ち込んでいたとしても、夢を捨てちゃいけないよ。夢を捨てないで、自分の未来を信じて。俺が見守っててあげるから。きみたちと同じ苦しみを味わったこの俺が、いつまでも見守っててあげるから。

尾崎は語りを終え、ふたたび、「Freeze Moon」を歌いはじめる。歌詞を歌い終えてから、バックバンドの演奏に合わせて、尾崎はふたたびアドリブで観客席に向かって絶叫する。

「なあ　みんな　夢はあるかい！」

「夢を　追い続けてゆくことができるかい！」

「けっして　けっして　自分に負けたりしないかい！」

「All right」

「けっして　きみの夢が　死なないように」

「そして　夢が押しつぶされてしまわないように」

「いつまでも　俺は叫び続ける　わあーーっ！」


こうやって、熱狂のうちに演奏は終わるのである。

みんなの夢が押しつぶされてしまわないように、みんなが自分に負けたりしないように、俺は歌い続け、叫び続ける。これが、尾崎にとってのロックンロールの意味なのである。「はげましとしてのロックンロール」「癒しとしてのロックンロール」、そういうものを晩年の尾崎は目指していた。絶望の淵にある者になぐさめを与え、自分に負けそうになっている者に力を与えるような音楽。それが、尾崎の求めていたものだ。単に「がんばろう」「ファイト！」と言うのではなく、かつて自分自身が絶望の淵に落ち込んでいたということを身をもって示し、そこから這い上がってきた人間の力というものを、やさしく歌いかけていく。そういう癒しの道を模索していたのだ。

5　尾崎を殺したのはだれか?

その道を模索していたはずの尾崎は、しかしこのコンサートの数カ月後、自殺にも似た謎の死をとげてしまう。癒しの音楽への道を進んでいた尾崎に、何が起きたのか。いまとなっては、真実は誰にも分からない。

ただ、私には、尾崎が死へと向かわざるを得なかったある道筋が、手に取るように分かる。あくまでも推論にしかすぎないのだが、しかし尾崎の進もうとした癒しの音楽の道に待ち構えていた大きな落とし穴が、ありありと目前に浮かぶ。ほかに、道はなかったのか。すべてを引き受けて死へと旅立ってしまう以外の道は、ほんとうになかったのか。

尾崎の歌は、落ち込んでいる人々をはげます。しかし、コンサートで、人のこころを「癒すことのできるロックンローラー」と歌うとき、彼は踏みこんではならない一線を越えてしまったのではないのか。私にはそう思えてならない。

尾崎は、ステージの上から、絶望と苦しみの淵から這い上がってきた自分というものを聴衆に印象づけ、苦しんでいるのはきみたちだけではないんだよと語りかける。聴衆は、その苦しんでいた尾崎の姿に、いまの自分を重ね合わせる。苦しみながらも復活してきた尾崎の姿に、自分の明日を見ようとして、力づけられ、癒される。

聴衆が、尾崎を聴いて力づけられるためには、目の前で歌っている尾崎が、過去の苦悩を背負っている必要がある。というのも、もし尾崎がルンルンでハッピーな顔をして現われ、「俺はこないだまでは苦しかったが、いまは、ほらこのとおり、身も心もハッピーになりました。だから、きみたちも希望をもつんだよ」と言ったとすればどうか。みずからの苦しみをなぐさめてもらおうと集まった聴衆たちは、一気にシラけてしまって、ブーイングの嵐になるだろう。聴衆が、みずからの苦しみや絶望を尾崎に重ね合わせるためには、目の前の尾崎に、自分と同じ苦しみや絶望のかけらが付着していなければならない。聴衆は、尾崎に付着したその生々しい苦しみの破片に、みずからの苦しみを重ね合わせ、そのうえで、そこから這い上がってきた尾崎の姿に、自分の未来を見ようとするのである。だから尾崎は、聴衆の前ではいつも苦しみと絶望とを背負っていなければならないのである。実際、尾崎豊の表情は、いつもどこかはりつめていて、痛々しい。自分の過去を全部引き受けようとする痛ましさに満ちている。

ここにあるのは、「苦しんでいる尾崎が私のために歌ってくれるから、私はいまここで癒されるのだ」という構造である。もっとせんじつめれば、尾崎が苦しみを背負っているからこそ、私は癒されるということだ。

しかし、尾崎が作り上げた、このような「癒し」の構造が、彼を死へと追いやっていくのだ。

聴衆は思いはじめるだろう。今夜の尾崎を聴いて、私は癒された感じをもった。尾崎、ありがとう。今夜はすばらしかった。明日から私はまたつまらない日常に戻る。そこで私はきっとまた絶望に襲われ、不安にとりつかれるだろう。そうしたときに、私はまた尾崎を聴きたくなるにちがいない。あのステージで、苦しみから立ち上がる尾崎の感動的で美しい姿を、見たくなるにちがいない。

こう思った聴衆は、やがて次のように考えはじめるだろう。尾崎、いつまでも歌い続けてくれ。そして、私を癒し続けてくれ。いつまでも苦しみを背負いつつ、そこから立ち上がる姿を、私に見せ続けてくれ。そう、尾崎よ、苦しみから立ち上がる姿を、私の前で、私が必要なときに、永遠に繰り返してほしい。そのたびに、私は、尾崎の姿を見て、癒され、立ち直ることができる。

そして聴衆のなかに、こういう欲望が沸き上がってくるのだ。

私が癒しの快感をいつでも得られるように、尾崎よ苦しみ続けてくれ。そしてそこから這い上がるパフォーマンスを、永遠に繰り返しておくれ。

そうだとすれば、尾崎は、聴衆を癒すために、苦しみから這い上がり、また苦しみに落ち、また這い上がるという受苦のパフォーマンスを、永遠に繰り返さなければならなくなる。もし尾崎がほんとうに「癒すことのできるロックンローラー」を引き受けるのならば、彼は永遠に苦しみを繰り返さなければならない。聴衆を癒すことができるためには、尾崎自身は癒されてはならないのだ。いつまでも聴衆を力づけ、なぐさめ、癒してあげることができるために、尾崎は、常に聴衆がかかえている「苦しみ」「悩み」「叫び」「絶望」「不安」を内面化し続け、みずからの全身から声をしぼりだして、苦しみ、悩み、叫び続けていかなければならない。

これこそが、尾崎が聴衆とのあいだに作り上げた「癒し」の構造である。

いったんそれにはまってしまうと、もう抜け出すことはできない。そこから抜け出して、「俺はもうハッピーになりました。みんなもがんばってね」と言うのは、裏切り行為である。それは、尾崎がいちばんきらいな「裏切り」なのである。尾崎は、聴衆の欲望を裏切ることができない。

聴衆からそういう願いが発せられるかぎり、尾崎は苦しみを身をもって再現する役割を降りることができない。

その「癒し」の構造に誠実であればあるほど、尾崎は苦しみの世界から逃れることができなくなる。聴衆のひとりひとりから、私の癒しのために、尾崎よ苦しんでいてくれという無意識のまなざしを浴びる誠実な歌手のこころとは、どのようなものか。

それは、やがて、一種の脅迫を受けているような感覚になっていくにちがいない。「尾崎よ、ひとりだけ抜け駆けして癒されるんじゃないよ」という無言の圧力が彼を襲う。何万人も入った観客席に向かって、「癒し」のことばを語りかけるとき、尾崎は、歓声と拍手と「オザキー」という掛け声の背後から、〈私が癒されるために、尾崎よ苦しみ続けろ〉という、殺意にも似た無意識の欲望を感じたのではないか。

さきほどのコンサートで、聴衆の男のひとりが、尾崎に向かって「ずっと歌ってくれよぉ」と叫ぶシーンがある。尾崎は、このファンの叫び声を、どう受け取ったのだろうか。単なる「いつまでも歌い続けていてほしい」という一ファンの願いとして受け取ったのか、それとも「この苦しみから這い上がる状態を、いつまでも繰り返してほしい」という脅迫に近いものとして受け取ったのか。

コンサートの状況を聴いていると、私は、聴衆の熱狂の裏に秘められた、尾崎に対する脅迫と殺意のようなものを、ありありと感じる。それは、聴衆自身も意識上では気づいていないような、潜在部分から発せられる声のように思えるのだ。もしそれが、潜在意識からの声だったとすれば、尾崎自身もまたその声をみずからの潜在意識の領域で受け取ったにちがいない。「いつまでも苦しんでくれ」というファンからの声を、みずからの潜在意識で誠実に受け止めたにちがいない。

聴衆の潜在意識をさらに突き詰めるとどうなるか。聴衆が究極的に望んでいることは、尾崎の苦しみの反復が、「永遠に」続くことである。それによってのみ、聴衆のこころの癒しは「永遠に」約束される。しかし、尾崎の苦しみは永遠には続かないかもしれない。やっぱりどこかの地点で、尾崎はハッピーになってしまうかもしれない。そうなれば、もはや尾崎は私を癒してはくれなくなる。それは困る。その可能性はつぶしておかなくてはならない。そのためにはどうすればいいか。

答えはひとつだ。尾崎を殺せばいいのだ。尾崎を殺して、苦しみを背負った永遠の殉教者となってもらえばいい。そうすれば、尾崎は永遠に苦しみの世界にとじ込められることになる。死んでしまえば、現実の尾崎はもういなくなるし、コンサートにも行けなくなる。しかし、尾崎の最良の部分は、ＣＤとビデオに収められて、いつでも本棚から取り出すことができる。そして殉教者となった尾崎の思い出を、いつでも音楽とともに思い出すことができる。その苦しみを背負った不幸な一生を、ともに泣きながら、涙のうちに私は快い癒しの感覚を得ることができる。尾崎は自分たちと同じ苦しみを永遠に背負い続け、ＣＤやビデオや思い出の中で、私を癒し続けてくれる。

〈尾崎よ死ね〉

この思いが、聴衆の潜在意識の核にあると思う。

尾崎は、あのコンサートから数カ月後、最後のアルバムを制作発表した直後に死んでしまった。彼は、聴衆からのこのメッセージを誠実に受け取り、「癒しとしてのロックンロール」を完成させるために自殺したのではないかと私は思っている。十代から彼のなかにあった死への願望、死への衝動が、聴衆からの「俺たちのために死んでくれ」という無意識のメッセージによって増幅され、かぎりなく自殺に近い死へと彼を導いていったのではないか。

その結果、我々は、謎に満ちた若き美貌のロックスターを手に入れることになった。CDはベストセラーを走り続け、我々はいつまでも若い二六歳のままの尾崎を聴いて力づけられ、なぐさめられ、癒されることができる。まさに聴衆の潜在意識の思うところになったのである。

私はファンたちに問いかけたい。きみたちは、尾崎の夭折を、こころのどこかで待ち望んではいなかったか、と。きみたちのなかで、そういう願望と無縁であったと胸を張って言いきれる人間が、いったいどのくらいいるのか。

この意味で、尾崎を殺したのは、聴衆の欲望である。いつまでも自分が癒され続けていたいと願う聴衆の欲望である。そして、そういう欲望を、尾崎が誠実に引き受けようとしたことである。聴衆ひとりひとりの悩みや苦しみを、尾崎が自分自身の肩に担おうとしたことである。

聴衆ひとりひとりの悩みや苦しみを、自分の肩に引き受けることで死んでいった尾崎豊。

これは、誰かの姿と似ていないだろうか。

そう、それは、人間たちの罪をすべて背負ってはりつけになり、死んでいったとされる、あのイエス・キリストの運命とそっくりなのだ。みんなが持っている罪を背負って殺されることで、彼らに永遠の救いの希望を与えることになった、イエス・キリストの姿に。

尾崎豊は、自分の運命がイエス・キリストと似ていることに、はっきりと気づいていた。死の直前に完成した最後のアルバム『放熱への証』のジャケットデザインを見てほしい。そこには、十字架の形をした文様の上で、ちょうどはりつけのようになって、目を閉じてしずかに仰向けに横たわっている尾崎自身の姿がある。みずからが、キリストのようにはりつけになったデザインのアルバムを完成してから、尾崎は死んでいった。尾崎は、「癒しとしてのロックンロール」をはじめてしまった自分が引き受けるべき運命を、はっきりと自覚していたのである。彼は死の一週間前のインタビューで、アルバム『放熱への証』に言及し、「過酷な試練を背負った人、もしくはすべての罪を贖う人、そういう宿命や運命を背負った人」であるところの「キリストという十字架にはりつけられる人」を思いながら作曲したと述べている（山下悦子『尾崎豊の魂』一三六頁）。そういう運命を背負ったキリストとは、ほかでもない、尾崎自身のことなのである。

尾崎はけっして至福に包まれて死んでいったのではない。彼の死は、聴衆すべてを力づけ癒す役割を、等身大以上に期待され、引き受けなければならなかったことがもたらした悲劇なのだ。聴衆からの願望や欲望を、彼はひとりで全部引き受けようとした。そこに彼の悲劇がある。「きみの凍てついたこころを癒すことのできるロックンローラー」という役割を自分自身に誠実に課して、死がそれを引き裂くまでその役割演技を続けなければならなかった。それが、落とし穴だったのだ。

自分の意志で踏み出した「癒し」の構造が、尾崎を逆にのみこんでしまい、それにきちんと向かい合おうとすればするほど深みにはまって、最後にはがんじがらめになって破滅してしまう。そういう道筋を、尾崎はたどったのだろう。

そして尾崎はそのことを、はっきりと自覚していた。

アルバム『放熱への証』に収められた「太陽の瞳」で、彼はこう歌っている。

僕はたった一人だ　僕は誰も知らない　誰も知らない僕がいる
〈中略〉
僕はたった一人だ　見知らぬ人々が　僕の知らない僕を見てる
〈中略〉
僕はたった一人だ　僕は僕と戦うんだ　誰も知らない僕がいる（「太陽の瞳」）

「見知らぬ人々が　僕の知らない僕を見てる」。これはなんと痛切なことばだろうか。ステージの上で、凍てついたこころを癒すことのできるロックンローラーなどと歌っている尾崎豊は、彼自身にとってみれば、本当の自分ではない僕、「僕の知らない僕」だったのだ。見知らぬ人々のこころを癒すカウンセラーという〈役割〉を演じ続けている、どこか他人のような自分。

そういう人々からはけっして見えない、本当の自分、「誰も知らない僕」がここにいる。観客席の聴衆からはけっして見えない、〈尾崎豊〉という役割を降りたときの僕というものが、ここにいる。聴衆にこびることをせず、自分だけをみつめて歌をつむぎだす孤独な主体としての僕がある。

　尾崎の死の直前の境地とは、他人が期待する「僕の知らない僕」と、他人からはうかがい知ることのできない「誰も知らない僕」のふたつに、自己が引き裂かれた状態だったのである。そして、引き裂かれた僕は、状況との戦いに勝つことができず、死を選んでしまった。

6　責任転嫁の共同体

　絶望と不安に落ち込んだ人々を力づけ、はげまし、なぐさめ、癒す方法は、ほんとうにこれしかなかったのだろうか。正しいもの、ほんとうの自分、自由を求める魂は、ここに行き着くしかなかったのだろうか。

　尾崎がアルバム『誕生』で到達した境地、すなわち、私が覚えたすべてのこと、力強く生きていくその姿勢と叫びとエネルギーを、次の世代へと伝えていくことが生きる意味だという思想は間違っていなかったと思う。彼が間違ったのは、その後に、「私が癒す」という世界に入ってしまったからだ。

　尾崎が、望まざる死へと引き込まれてしまった理由は、少なくともふたつあると思う。

　ひとつは、何度も述べたように、不特定多数の聴衆に向かって「私が癒す」という姿勢をとったことであり、その「癒し―癒される」という関係性から必然的に沸き起こってくる聴衆の願望や欲望を、ひとりで引き受けようとしたからである。人が人を癒しきるなんて、そんなに簡単に達成できるものではない。もちろん、他人のこころを、ある一瞬だけ癒すことはできるだろう。

そして、尾崎には、音楽を通してそれを成功させる天才があった。しかし、その一瞬の癒しの感覚を得た人間たちが、次に尾崎に何を求めはじめるのかを、尾崎は考えぬいていなかった。コンサートホールという空間が、それをどんなふうに増幅するのかを予期していなかった。

もうひとつは、尾崎がそういう重荷を背負って苦しんでいるときに、その苦しみをともに分かち合ってくれる人々がいなかったのではないかという点である。もちろん、彼には愛情あふれる家族や両親や兄弟たちがいた。彼らは、尾崎が苦しみに落ち込んだとき、親身になぐさめ、彼を立ち直らせようと精一杯はたらきかけたはずである。肉親の愛には、尾崎はめぐまれていたのだと思う。

しかしながら、尾崎の悩みや苦しみの核心部分にあった、「正しいものは何なのか」「ほんとうの自分とは何か」「私は誰かに裁かれているのではないか」「生きる意味とは何なのか」「この欲望をどうすればいいのか」といった、答えの出ない問いにとりつかれて彼が苦しんでいるときに、その魂の問いかけを共有し、尾崎と同じ求道者としての地平から、「そこで苦しんでいるのは尾崎、お前だけじゃないんだ」と尾崎に向かって語りかける人が、尾崎のまわりにいただろうか。そういう人が彼の近くにいたならば、あるいは遠くの友人のなかにいたならば、尾崎はひとりで悩みを背負いきって死んでいかなくてもよかったはずだ。

私は、尾崎が死んでしまった原因として、彼がひとりで多くの聴衆の重荷を背負ってしまったことと、彼の魂の問いを共有する人々がまわりにいなかったことがあるような気がする。確証はもちろん得られないが、そういう気がする。

だとすれば、尾崎の死から我々が学べるのは次のことだ。

不特定多数の人々からの癒しの願いをひとりで引き受けてはならないし、彼らの苦しみや絶望などの重荷を、ひとりで引き受けてはならない。私はあなたたちを癒さないし、あなたたちの重荷を背負わない。私は自分自身の重荷とだけ向かい合う。それだけと格闘し、それを背負って生を生き切ってゆく。尾崎豊の原点に戻るのだ。「僕が僕であるために、僕は僕と戦うんだ」。そして、自分の重さを自分で背負いきれず、負けそうになってしまうとき、あるいは、自分の殻に閉じこもったせいで、世界が正しく見られなくなっているとき、そんなときに、同じ目標をめざして戦っている人々同士が、遠くからはげましあうこと。けっしてひとりでつぶれたりしないように、多数の人々が、お互いに力づけあうこと。重荷を集中させるのではなく、分散させること。

尾崎の歩んだ道は、生きる意味や絶対の真理を求めてオウム真理教に入っていった若者が、信者の家族を拉致したり、サリンをまくにいたったその道程と、どこか似ている。上田紀行は、教団が大きくなってくると、教祖もまたその教団のシステムに適応するように「洗脳」されていくのだと言っている（「教祖もまた洗脳される」『仏教』三三号、一九九五年、一一～一五頁）。そういうことが、オウム真理教にも、尾崎にも、共通してあったのかもしれない。

オウム真理教も、尾崎も、一九八〇年代の半ばから九〇年代はじめにかけて、生きる意味や正しいことや絶対の真理などを求めて活発な活動を行ない、多数の熱狂的な信者やファンを獲得する。しかし、彼らの試みは、突如として崩壊してしまう。生きる意味や正しいことや絶対の真理を求めることそれ自体は、けっして間違ってはいない。それは、いつの時代にも、人間が真正面から追求しなければならない大命題である。オウム真理教も、尾崎も、その命題にまっすぐに取り組んだ。しかし、その結果はどうだ。オウム真理教は無差別テロを行なって崩壊し、尾崎は自分に負けて自殺に似た死を迎える。当初の意気込みとは、まったく反した結果となっているではないか。

オウム真理教と晩年の尾崎豊に共通していること、それは癒しや救済のための「共同体」を作ったことである。オウムは、その共同体を、隔離された山野に作り上げた。尾崎は、ロックコンサートという、一時的にのみ存在し得る虚構空間に、癒しの共同体をそのつど設定した。その虚構空間の向こうには、コンサートにいつか来るかもしれない、何十万人というリスナーの群れがいるのである。もちろん、このふたつの共同体は異なった性質をもっている。しかしながら、ある共通のものを獲得するために、同じ空間を共有し、そこで親密な関係性を一時的にではあれ構築しようとした点は同じである（拙著『意識通信』）。

その共同体の中では、人々の視線はすべてカリスマであるひとりの人物へと向けられている。オウムの場合は麻原教祖に向けてであり、尾崎の場合はもちろん尾崎自身に向けてである。癒しや救済の獲得をめざした人々が、ひとりの人物に向かって、全身全霊をかけたまなざしを集中している。すべての成員が、ひとりのカリスマと、一対一の関係を取り結ぼうとする、特殊な共同体である。

なぜ、彼らは、そのひとりの人物に向かってまなざしを集中させるのか。それは、そのひとりの人物のみが、彼らに癒しと救済を与えてくれるからである。麻原教祖の場合はイニシエーションによって、尾崎の場合はその歌声によって。

このような共同体では、癒しや救済の解決は、そのひとりの人からのみ発せられる。そのひとりの人が発したエネルギーやことばを全身で受け取ることによって、みんなは充足を得るのである。これは要するに、その共同体では、最終的な答えがつねにそのひとりの人からしか出てこないことを意味している。逆に言えば、その共同体では、ひとりひとりの成員は、最終的な答えを、自分の目と頭を使ってひねり出す必要がないし、またそれをしてはいけないのである。最終的な解答は、つねにそのひとりの人にゆだねなければならない。最終的なことを、自分で獲得しようとしてはいけないのだ。だから、誤解を恐れずに言えば、これは、癒しや救済にかんする責任転嫁の共同体なのだ。

そういう責任転嫁の共同体の中では、人々はとても楽である。大事なことや難しいことにかんしては、カリスマの言うことをただ聞いて、それを忠実に実行しているだけでよい。麻原教祖がこうしろと言えば、言われたとおりにやっておけばいい。それによって、真理へと自動的に近づいていくからである。尾崎の場合でも、尾崎が次にどんなことばを発して自分を快く癒してくれるのかを、全身を集中してただ待っていればよい。自分で歌詞や旋律を発明して歌い出さなくてもいい。尾崎が歌い出すのを、じっと待っているだけでよい。

それは、とても気持ちのよい空間である。カリスマの姿だけが見える閉ざされた空間の中で、カリスマの発することばとエネルギーにのみ意識を集中し、カリスマに考えてもらい、カリスマに歌ってもらう。自分はただ聞いているだけ。カリスマの発するものに全身をゆだねて、その麻薬のような味に我を忘れ、蜜のような快楽を骨の髄までむさぼりつくす。この気持ちよい世界に、いつまでも、いつまでも浸っていたい。もっとことばを。もっとエネルギーを。もっと甘い蜜を。

そういう人々の欲求に応えるために、修行ステージのヒエラルキーを作って組織的に対応したのがオウム真理教であり、それらの欲求をひとりだけで直接受け止めようとして身を滅ぼしたのが尾崎である。

だからやはり、私は思うのだ。

生きる意味や正しいことや絶対の真理を求めようとするときに、癒しの共同体を作らずに進んでゆく道が必要なのではないかと。

その意味で、尾崎の出発点は間違っていなかったと思う。

彼は最初のアルバムで歌っていた。「僕が僕であるために　勝ち続けなきゃならない／正しいものは何なのか　それがこの胸に解るまで」(「僕が僕であるために」)。僕が僕であるための、自分自身に勝ち続ける戦いを、信頼できる人々からのサポートを受けながら、最後まで戦いぬくこと。

尾崎が癒しの共同体めいたものを作ろうとしはじめたのは、最晩年に至ってのことである。尾崎はその地点で、道を踏みまちがえた。「凍てついたこころを癒すことのできるロックンローラー」などと、聴衆の前で歌ってはならなかったのだ。そういうことばを口にしてはいけなかったのだ。

癒しの道に入り込んだことで、彼は巨大な壁にぶつかった。もしそのとき、尾崎が初期の原点に戻って再出発してさえくれたなら、尾崎は死なずにすんだかもしれない。

そういうふうに考えるのはとてもつらい。尾崎豊はもうこの世にはいないからだ。

そのかわりに、この私が、尾崎のなしえなかった道に向かって、尾崎の覚えたもの伝えてくれたものすべてを学びながら、一歩を踏み出していく。その先に何が待ち構えているのか、まったく分からないけれど、尾崎が倒れたその地点から、私は出発する。

第四章　私が私であるための勇気

1　効かない処方箋

いま私が考えているのは、こういうことだ。

オウム真理教も、晩年の尾崎豊も、自分の目と頭で世界と自分自身について考えて自分の人生を生きていくための「勇気」というものを、人々が多元的にささえあってゆくような場作りをしなかった。だから、潰れてしまったのではないか。

そのような勇気を、孤独の中からささえあってゆくにはどうすればいいか。

私は、その道筋を見つけたい。

ここに、オウム真理教を素材とした二冊の本がある。宮台真司の『終わりなき日常を生きろ』（筑摩書房、一九九五年）と、橋本治の『宗教なんかこわくない！』（マドラ出版、一九九五年）である。このふたつは、オウム真理教事件に触発されて書かれた書物としては注目すべき作品であり、私としても、どうしてもここで言及しておかねばならない。

まず、宮台真司の著書から見てみよう。

宮台は、二つの主張をしている。ひとつは、オウム事件は、道徳が解体した現代日本における「さまよえる良心」が引き起こしたものであること。ふたつめは、八〇年代以降顕著になってきた「終わらない日常」に適応できなかった人間たちが、それを性急に破壊しようとして起こした事件であること。

その結論として彼は、「終わらない日常」に「まったり」と適応して生きる知恵を身につけるべきだと説く。

まず「さまよえる良心」から説明すると、サリンをばらまいたオウムの幹部たちが極悪人であるという考え方は間違っていると宮台は言う。そうではなくて、幹部たちが「良心的であるがゆえにサリンをばらまく」「社会を考えるエリートであるがゆえにサリンをばらまく」という逆説を見なければばならない（四四〜四五頁）。日本社会はそもそも一神教的な倫理が存在せず、そのかわりに共同体の相互のまなざしによる道徳が支配していたのだが、近年のはげしい都市化と情報化によってそういった共同体に根ざした道徳もまた解体してしまう。

だから、倫理も道徳も解体した現代日本では、「良きことをしたい」という良心への志向が強ければ強いほど、「何が良いことなのか分からない」という不透明感が切迫し、透明な「真理」への希求が高まる（六二頁）。そこへ、善悪の基準を断定的に与えてくれる麻原教祖のような人物が現われると、さまよえる良心を抱えた人間は、麻原教祖のことばによって善悪の基準を獲得し、若干の不安をもちながらも、サリンばらまきという「正しいこと」を行なえるのである。

「終わらない日常」というのは、八〇年代後半から顕著になった社会認識のしかたである。そこでは、金持ちでない人間は永遠に金持ちにはなれないし、異性にもてないやつは永遠にもてない。そういうだらだらとした日常だけが、延々と繰り返されていく社会である。そういう社会で生きることに適応できなかったのが、昭和三〇年代生まれの人間たち、とくに男性である。彼らは、未来の社会と自分の輝かしき将来像を抱いて思春期を過ごし、そして八〇年代に「現実」によって裏切られた世代である。そういう人々が、社会の中にではなく、自分の内面の「まだ磨かれていないダイヤモンド」を追い求め、「必ずやおとずれる未来の救済の日」を求めたのだ（一〇〇頁）。ハルマゲドンを自作自演しようとした彼らは、「終わらない日常」という現実に適応できなかった、そういう世代の病を体現している。

これと対照的なのが、八〇年代に、この社会を「終わらない日常」だと見破り、その終わらない日常のなかで適当にたらたらと生きていくことを選択した若い女性たちである。彼女たちの選択は、その後九〇年代のブルセラ少女たちへと受け継がれていく。それはいまや、茶髪でピアスをする男の子たちのあいだにまで広がりはじめている、と宮台は言う。

宮台はこのように、現代日本社会という「終わりなき日常」に適応できない人間たちと、それに適応した人間たちという二つのカテゴリーでものを見ていく。そして次のように結論する。

結論を言おう。私たちに必要なのは、「終わらない日常を生きる知恵」だ。「終わらない日常のなかで、何が良きことなのか分からないまま、漫然とした良心を抱えて生きる知恵」だ。その私を「不道徳だ、非倫理的だ」と批判してきた「倫理的な」あなた。あなたのような知恵のない人たちが、「偽物の父親」を登場させ、サリンをばらまかせるのだ。（一一三頁）

その知恵とは、いまの若い女性たちの一部がしているように、「輝かしい未来」を求めようとせずこの延々と続く日常を「まったり生きる」ような知恵である。それは、「別に『熱烈な恋愛』をしていないし、『宗教』にはまってもいない。かといって、コンプレックスに駆られてコミュニケーションから退却しているわけでも、自分らしい自分を探してあせっているわりでもない」（一六五頁）ような状態のことである。そうやって、都市の風景のなかに一片の記号として溶け込んでいる。

宮台は、「修行をしてこのサマナ服のように白くなりたい」と言ったオウムの少女に言及したあと、次のように述べる。

「永久に輝きを失った世界」のなかで、「将来にわたって輝くことのありえない自分」を抱きながら、そこそこ腐らずに「まったりと」生きていくこと。そんなふうに生きられる知恵を見つけることこそが、必要なのではないか。もしいま意識的な修行が必要だというなら、それは、「白くなり切れない自分を、白くしようと励む」修行ではなく、むしろ「白くなり切れない薄ぼけた自分を抱えたまま、それでも生きつづけられるようになる」ための修行なのだと思う。

〈中略〉

どうして真っ白な社会じゃなきゃいけない？　どうして真っ白な人間じゃなきゃいけない？「まぶしい輝き」なんていらないではないか。すこし面倒だけど、いろいろな場所の、いろいろな連中の間をめぐってみれば、きっとどこかに「まったり」できる居場所がみつかるはずだよ。どうせ「まぶしい輝き」が必要な年寄りは、消えていくしかないんだから。（一七〇頁）

宮台はここで、二つのことを言っている。ひとつは、「輝く自分なんか求めずに、この終わりのない日常のなかでまったりと生きていこうよ」ということ。もうひとつは、「白くなり切れない自分を白くしようとがんばるのではなく、白くなり切れない自分というものをまず素直に受け入れることからはじめようよ」ということ、この二つだ。

宮台の後者の主張は、私も同感である。本書の第二章で強調したように、人間がどうしようもなく抱え込んでいる「悪」や「煩悩」の側面を、まず素直に自分のこととして受け止め、それから、そういう悪や煩悩を抱えたままの私がどう生きればいいのかを模索してゆくべきではないかと私も考えている。だから、この後者の主張は、それでいいと思う。

しかし、私は、宮台の前者の主張を受け入れることはできない。なぜなら、オウム事件とは、「終わりのない日常をまったりと生きてみようよ」などという「知識人」からの説得なんかでは、けっしてこころを動かされることのない、そこまで追いつめられた人間が行なったことだからだ。周囲と適当に妥協して、まったりと生きられるような人間だったら、どうして全財産を寄付してまでオウムに出家するのか。それができないから、オウムに入るのではないか。

連れ戻しにきた自分の家族に向かって、ある信者は次のように書いている。

そして今、私は、あなたがたに問いたい。自分自身の人生をまじめに考えているのか。そして、一生懸命生きているのかと。このまま適当に暮らして老い、死んでいく人生に満足しているのかと。（オウム真理教信徒救済ネットワーク編著『マインドコントロールからの解放』三一書房、一九九五年、一五九頁）

この現実社会に適応しようと、いろいろ試行錯誤したのだが、やっぱり「まったり」と生きることを選択できず、生きる意味と絶対の真理を求めてこの社会を後にしたのが、オウム出家信者なのであり、その予備群なのである。

つまり、宮台のこの処方箋は、生きる意味と絶対の真理を求めてオウムに入ろうとしている人々の耳には届かないのだ。

宮台の処方箋は、この社会のなかで適当に妥協して生きているのだが、それがなんだか後ろめたい人々に対して、「それでいいんだよ。なにも後ろめたく感じる必要はないんだよ」というお墨付きを与える機能しかもたない。適当に生きることそれ自体を考え直し、拒否しようとしている人々のこころには、けっして届かない。宗教によって生きる意味を探そうとしながらも、宗教の門の前で立ち止まってこころが揺れ動いている人々のこころには、宮台のことばは届かない。生きる意味を求めてオウムに行った人々や、オウムに行ったかもしれない人々を、こころから頷かせることばではない。

もっとはっきり言おう。

宮台の「終わらない日常をまったりと生きろ」という主張は、この私のこころを、まったく動かさないのである。

この本は、社会分析としてはとても良く出来ていると、お世辞や皮肉なしに思うのであるが、しかしそのメッセージは私のこころにまでは届かない。私のような、ひょっとしたらオウムに入っていたかもしれないような人間に対するメッセージを、私はこの本のなかに発見できない。あるいは、そういう大きな勘違いをしている私のような人間は、やがてみんな老いて自然消滅するということなのか。私が死んだあとでも、私のような心性をもった人間は、いくらでも再生して現われてくるだろうに。

2　宗教以外の方法

橋本治の『宗教なんかこわくない！』は、オウム事件を分析しながら、宗教とは何か、日本人とは何かという問いを執拗に追いつめた書物である。随所にちりばめられた直観的な洞察が見事である。私が本書の第一章「宗教なき時代を生きるために」を書いて雑誌に寄稿したときには、まだ橋本のこの本を読んでいなかった。その後、読んでみて驚いた。というのも、私が第一章で主張したのと同じことを、橋本もまた強調しているからである。

橋本は、いまの日本人に求められているのは、自分の頭でものを考えることであり、それがもたらす孤独に耐えることだと述べている。これは、私が第一章で主張したこととまったく同じである。

橋本は言う。我々は、「自分はこのままでいいのかな?」とか、「この自分は、もう少しなんとかならないかな?」という疑問をもってしまう。でも、そういう疑問に対する答えは、なかなか出ない。いくら考えてもなかなか答えが出ないから、「どっかにその答を簡単に出してくれる人がいるんじゃないか?　その簡単な答があるんじゃないか?」と思いはじめたりする。そして、その答えを、性急に誰かのことばに求めたり、何かの教義に求めたりすることで、我々は宗教に近づくのである。
そうやって宗教に近づきながらも、我々は「宗教」や「信仰」が理解できないという意識をかかえている。それが理解できないから、さきほどの疑問に対する答えも分からないと思っている。

だからこそあなたは、「信仰を持たない人間はどうしたらいいんでしょうか?」とか、「信仰というのは、本来なら誰でも持っていなければならないものなんじゃないのか?」と思っている。だからこそあなたは、「どうして自分には〈宗教〉というものがよく分かんないんだろう?」と悩んでいる。うっすらと、そんなことを考えている。がしかし、あなたに欠けているものは、「自分の頭でものを考える」ということで、「自分の頭でものを考えるということは、とんでもなく大変で、悠長で、効率の悪いことである」ということだ。

はっきりしているのは、「日本人に一番必要なものは〈宗教〉ではなく、〈自分の頭でものを考える〉という習性である」ということだ。（八八頁）

しかし、自分の頭でものを考え続けるということは、ひとりで世界に立ち向かう孤独に耐えることでもある。それは、とてもつらいことだ。

自分の頭でものを考えると、当然のことながら、〈孤独〉というものがやって来る。そうなると、日本人の多くはすぐに心細くなって、「この心細い自分をなんとかしてもらいたい」ということになって、〈救済〉の方へ行ってしまう。「自分の頭でものを考えて、それで孤独になるのなんか当たり前のことじゃないか。〈自分の頭でものを考える〉ということは、〈一人で考える〉ということなんだから」という、いたって単純な発想がないからそういうことになるのだが、なんでそういう単純な発想がないのかということになったら、〈自分の頭でものを考える〉ということに、日本人が慣れていないだけだろう。（一二五頁）

孤独に耐えながら、自分の頭でものを考え続けていくこと、これしかないんだと橋本は言っている。私も同じことを第一章で述べた。

ただし、いくら孤独に耐えて自分の頭でものを考えていく決心をしたとしても、やっぱり人間なんて弱いものなので、自分の弱さに負けてしまったり、他人にすがりたくなったりする。そんなときに、どうすればいいのかという問題が残る。それは、その人が自分で解決すべき壁なのだから、ほうっておけばいいという考え方もあり得る。しかし、私はやはり、なにかのサポートが必要なのではないかと思うのだ。それも、尾崎豊が試みて失敗したような、「私があなたを癒す」という形ではないような、ささえあいかた。

橋本は、基本的には宗教は過去の遺物だという姿勢をとりながらも、そういうサポートの機能を宗教が果たしてゆく可能性は残っていると示唆する。

世の中には、「自分の頭でちゃんとものを考えられるようになりたい」と思っている人間はいくらでもいて、そういう人を励ますということになったら、結局その声は〈宗教〉になるしかないからだ。宗教というものが、そういう〈人に語りかける愛情〉であることを忘れない方がいい。〈愛情だからこそ宗教〉だったりもするのだ。（二八四頁）

宗教が人に語りかける愛情であるというのは、その通りかもしれない。だから、宗教が人を励ますことはあると思う。しかしながら、自分の頭でものを考えたいという人々を励ましてゆく声が、結局「〈宗教〉になるしかない」とは私は思わない。宗教以外のやり方でも、自分の頭でものを考えていこうとしている人々をはげますことはできるはずだ。「信仰」をけっして持てない人間たちが、お互いにはげましあって、自分たちの頭でものを考えていく道はあるはずだ。それが結局宗教に行き着くしかないというのは、橋本のペシミズムである。

お互いにはげましあうことが、いつのまにか、他人に考えてもらって自分はその蜜だけを吸うという責任転嫁の共同体に変質してしまう危険性は常にある。だからこそ、その危険性を最大限に防御しながら、自分の頭でものを考えていくことをみんなでささえあう道を、私は求めたいのである。これこそが、私が本書で繰り返し述べてきたことだったはずだ。

3　宗教と現実のズレ

さて、宮台真司も指摘しているように、オウム事件には、良いことをしたいという「良心あふれる」人々が、その良いことを達成するためにサリンをばらまいて無差別テロをしたという逆説がある。そういうことが生じた原因のひとつには、たしかに、自分の頭で善悪の基準を考えられなくなった人間たちが、麻原教祖の繰り出す言葉の言いなりになったという面があると思う。この点にかんする宮台の分析は正しい。

しかし私は、そういう逆説が生じたもうひとつの原因として、「自分自身に目隠しをしていくダイナミズム」というようなものが、はたらいたのではないかと考えている。私は以前に、我々の社会とこころの中に潜むこの目隠しの仕組みを「姥捨山問題」と呼んだことがあるが（拙著『生命学への招待』）、それと同じようなことがここでも繰り返されたのではないか。

オウム真理教に入った人々のなかには、真理とは何か、何が正しいことなのか、生きる意味とは何かなどの問いを追求するために入信した人々が多数いると言われている。立花隆も推測しているように、事件を起こした幹部たちはとくにそういう動機が強く、それが神秘体験によって補強されていると考えた方が合理的である（『週刊文春』「オウム真理教にみる『宗教と殺人』」）。

ここに、真理や、正しいことや、生きる意味をまっすぐに求めようとしている人間がいたとする。そして彼は、それらに答えを出してくれるという宗教団体に入信する。そこで、彼は、これこそが正しい真理であり、世界の法則であり、人生の生き方であるという世界観を教えられる。それにのっとって学習を始め、修行を行ない、新しい生活をはじめようとする。そのような世界観は、たいがいの場合、禁欲的な生活を強要し、戒律を守ることを押しつけ、ある理想的な人格を達成することを目標としてかかげる。

そういうコースに乗って信仰を深めようとするときに、たえず信者たちにのしかかってくる問題がある。それは、「いまここにいる現実の自分」というものと、「宗教で説かれているあるべき自分」というものとのあいだの、どうしようもない乖離である。これは、いかなる宗教においても発生する。たとえば、オウム真理教だけではなく、仏教系のいくつかの宗教では、教義的には殺生を禁じている。むやみに動物や昆虫などを殺してはいけない。オウム真理教も台所のゴキブリの殺生を禁じているため、流しはゴキブリだらけらしい。しかし、そういう殺生をしない「あるべき自分」へ向かって修行を続けながらも、いまここにおいては蚊や害虫などを殺してしまい、肉食をしてしまい、酒を飲んでしまう自分というものをどうすることもできない。そういう理想と現実のあいだのギャップに直面してしまうのだ。

教団のヒエラルキーの下の方にいる一般信者たちは、上からの締めつけと監視がきついから、そういう乖離は自分のいたらなさのせいにして、理想の自分を目指して苦しい修行を続けることになる。ところが、ヒエラルキーの上層部にまでのぼってしまうと、こんどは自分を締めつける者が少なくなり、まわりからの監視の力が弱まってくる。すると、どうなるかというと、基本的には、自分自身の自制や自己コントロールによって戒律を守ってゆくしかなくなるのだ。

上層部にまでのぼりつめたとき、彼は、「いまここにいる現実の自分」というものと、「宗教で説かれているあるべき自分」というものの乖離に、ふたたび本格的に直面してしまうのである。いくら位が上がったとしても、彼は悟りきっているわけではない。彼の内部には、まだ欲望や煩悩がうずまいている。しかし、下の方からは修行が進んだ立派な人という視線が注がれるわけだから、はめをはずすわけにもいかない。

上からの締めつけがはずされたこの時点において、彼は抜き差しならぬ自己との戦いに直面することになる。このとき、意志の非常に強い修行者ならば、ここで自己との対話を徹底して遂行し、神や超越者とのやりとりを通じて、いまここにいる現実の自分というものを何かの形で克服してゆく道を突き進むであろう。そのほかにも、問題をごまかさない進みかたがあるはずだ。

ところで、ここにはもうひとつ別の道がある。それは、「いまここにいる現実の自分」というものを〈見なくて済む〉ような装置を発明し、それを自分のまわりにはりめぐらせるという道である。もっとも単純な例で言うと、むかしの仏教教団は出家僧に飲酒を禁止していた。酒をのむことは戒律に反するからである。しかし、人間たるもの、いくら修行者とはいえ酒をのみたいときもある。そんなときに発明されたのが、酒のことを「般若湯」と呼びかえて、それをこっそりとのむという慣習である。「これは般若湯なのだから、のんでも戒律には反しない」というふうに自分たちに言い聞かせて酒をのむ。最初は後ろめたいかもしれないけれど、そのうちに慣れてきて何とも思わなくなる。そして、自分たちが戒律違反をしているという意識さえいずれは消えていってしまうだろう。酒のことを般若湯と言い換える仕組みが、〈自分は酒をのんでいるのだ〉ということを見なくて済むための装置としてはたらくのである。

オウム真理教も、似たようなことをしている。たとえば、オウムは殺生を禁じている。しかし、事件後の捜査で明らかになったように、自分たちの教団運営のじゃまになった人間を、残酷なやり方で多数殺害した。彼らは、いつからか、殺人のことを「ポワ」という隠語で呼ぶようになったらしい。オウムの教義では、「ポワ」とは意識を低い世界から高い世界へと移し換えることなのだが〈ＡＵＭ ＰＲＥＳ編『オウム真理教は現在』オウム出版、一九九五年、三九頁〉、それが「殺人」というまったく別の行為をも意味するようになってくる。ここでもまた、ことばの言い換えというメカニズムがはたらいている。殺人のことをポワと言い換えることで、自分たちのしていることが法と道徳に違反する「殺人」であるという現実を、見なくて済むようになってゆくのである。その傾向が極限にまで進むと、地下鉄サリン事件で見られたように、無差別殺人を行なっておきながら、「彼らはポワされてよかったね」と発言したりするようになる。

オウム真理教のような、個人単位の自律的な修行を重視する教団では、一般の信者たちのあいだにも、このような〈見なくて済む〉装置が必要になることがある。たとえば、彼らは、自分という存在が「純粋」になりたい、「白く」なりたいという、強い欲求をもっていることが多い。この現実の汚濁にまみれた自分を、修行によって漂白し、真っ白で純粋な「ほんとうの自分」へと引き上げたいと願っている。それも、一刻も早くそういう状態になりたいと思っている。

しかしふつうの人間が、そんなに短期間で真っ白になれるわけがない。いくら修行を積んだとしても、彼らの中にはまだ欲望や、悪徳や、ねたみや、雑念や、権力欲や、殺生や戒律違反が渦巻いているにちがいない。それらは、いったんは彼らの身体を去ったかのように見えながら、しかしながら実は身体の底辺にしぶとく生き残っていて、隙を見ては自分の内部に湧き上がってくる。

そのような汚れた自分が出現したとき、彼らは「いまここにいる現実の自分」と「宗教に説かれているあるべき自分」の乖離に直面するのだ。ほんとうは、ここでじっくりと自己を内省して思索を深めるべきである。しかし、早く純粋になりたい、真っ白になりたいという思いが強すぎると、こんな初歩的なところで立ち止まっている自分にいらだってしまう。そして例の目隠しのための装置がはたらきだすのだ。つまり、彼らは、自分の中に欲望や悪徳や権力欲が存在するということそれ自体を視野からはずそうとする。それが目の前に現われているのに、それは存在しないということにする。見えているのに、見えていないことにする。

そのためのひとつの仕組みが、「そういうものは存在しない」という言説をまきちらすことである。オウムの一般信徒や外部の人間を対象とした出版物を読むと、そこには「みんなにこにこ、ハッピーで充実した生活」をしている信者たちの姿があふれている。そこには、なんの欲望も、悪も、裏切りもないとされている。あるのは、毎日の笑顔と満足だけ。そういうことになっている。それらの出版物はたしかに外部の人間を勧誘するための餌としても機能しているのだから、悪い面は載せないというのは当たり前かもしれない。しかしそれ以上に、こういうハッピーずくめの現状認識というものを、ほかならぬ信者自身がこころの底から求めているのではないかと思うのだ。自分たちの中にある欲望や憂鬱や悪などを〈見なくて済む〉ような補強装置として、そういう言説を信者自身が欲しているのではないかと思うのだ。

もうひとつの仕組みは、教団内部で都合の悪いことが起きたときに、それを外部の人間たちのしわざに置き換えてしまうことである。内部で多数の病人が発生したり、教団運営に大きな支障が生じたりしたときに、それを自分たちの「身から出たサビ」とは考えずに、すべて外部からの陰謀のせいにしてしまう。そうすれば、自分たち自身がかかえている問題というものを、見なくて済むようになる。実際、オウムでは、フリーメイソンの陰謀をはじめとする、様々な陰謀仮説がはびこっていた。自分たちのほうに原因があって生じてきた問題を、すべて外部の人々の陰謀によって説明しようとするこの仕組みもまた、自分たち自身の汚れた面を〈見なくて済む〉装置としてはたらくのである。外部世界から閉ざされた修行空間が、さらにそれをバックアップする。自分たちのまわりに膜をはって、情報を遮断することで、いろんなことを見なくて済むようになる。

そのような装置を自分たちのまわりに何重にもはりめぐらせることによって、人は、「いまここにいる現実の自分」というものの姿を眼前から消滅させ、「宗教によって説かれているあるべき自分」のイメージに自己を重ねることができるようになる。そういう操作を行なったが最後、その人は、自分がこの現実世界でほんとうは何をしているのかということが見えなくなってしまう。自分の身体が行なったことの社会的な意味というものが見えなくなる。そして、自分がしたことはすべて正しく、理にかなっているのだという自己正当化の思考でしか、自分を説明できなくなってゆく。私は「あるべき自己」なのだから、自分のしたことに間違いはないはずだ、という論理になっていくのだ。

そうやって、自分がもっている「見たくない自分」を見なくても済むようになったときに、人はどのような心理状態になるだろうか。その答えは簡単だ。人は、まるで生まれ変わったような自分を体験することになる。いままであれこれ悩んでいたことが嘘のようだ。もう悩みは払拭された。なぜなら、もう悩みは「ないから」である。それは、とてもすがすがしい、喜びにあふれた、こころよい世界であろう。まるで以前の混濁した自己を脱皮して、新たな自己を獲得したかのように感じる。それを「悟り」だと錯覚する人もいるかもしれない。そのくらい、肩の荷がおりて、らくになる。この状態は、ほんとに気持ちいいだろうな。いちど味わったら、もう二度と手放したくないな。自分の見たい自己だけを見て、自分の見たくない自己は見なくてもいい、そしてそれが許され続けるような共同体。こんな場所があるのなら、誰だってそこに住んでみたくなるじゃないか（「気持ちよさ」については、大泉実成も強調している［竹熊健太郎『私とハルマゲン』太田出版、一九九五年、四九頁の大泉の発言］。オウム幹部の石井久子の手記も、修行中におとずれる「快感」をくりかえし描写する。［麻原彰晃『マハーヤーナ・スートラ』オウム出版、一九八八年］）。

4　こちら側の〈目隠し構造〉

見たくない自己を見なくてもいいような状態になったとき、人間は、自分の身体が行なっていることの意味がほんとうに見えなくなる。他人を殺害しておきながら、自分が法治国家で殺人を犯したという事実がピンとこなくなる。「あるべき自己」が「良きこと」をしたのに、なにがおかしいのかという思考回路になってしまう。地下鉄サリン事件の場合は、実行犯たちにはそれぞれ躊躇があったわけだから、ここまで徹底してはいなかったと思うが、しかし彼らの思考回路の基本は、いま述べたようなものだったはずだ。宮台の言う「さまよえる良心」の逆説には、このような背景もあったのだと思う。

ところで、私がいま述べた問題は、我々が住んでいるこっち側の社会でも同じようにあるんじゃないか。それを、オウムという特殊な共同体の陥った落とし穴だというふうに考えること、まさにそのことが、我々の側に存在する同種の問題を隠蔽してゆく〈目隠し構造〉なのではないか。そう思えてならない。

こっちの世界だって、同じなんじゃないのか。

いまだに脳裏から離れないひとつの例をあげてみよう。

何年か前のことであるが、あるところで、地球環境問題を考えるシンポジウムが開かれた。私は環境倫理というものを研究していたことがあるので、パネリストのひとりとして壇上にあがっていた。そこでは、地球環境危機を生み出した様々な要因が紹介された。北の国々が行なってきた、政治的・軍事的・経済的な南の諸国の植民地支配が背景にある。その上で先進国は、工業化にともなう汚染物質を、自分の住んでいる地域の外へたれ流した。それらの有害物質は、地球という複雑な物質循環の網の目をとおって拡散し、いまや地球の隅々にまで被害は広がっている。地球環境危機とは、もはや国境を超える危機である。だから、自分たちの住んでいる地域の利害を超える想像力を、ひとりひとりが自分のものにしていかなければならない。そのためにも、地球はすべての人類のものであり、将来世代の人たちのものでもあるという環境倫理を打ち立てることが必要だ。

そういう流れで、議論は進んでいった。

当時の私は、環境倫理という考え方に若干の不信感をもっていたので、この議論の流れにはもうひとつ乗りきれなかった。そんなこと言ったって、いま住んでいる人の欲望をどうやって処理すればいいのか。そういう疑問があった。だから、手を上げて、発言した。いまの我々は、なんだかんだ言っても、楽をして快適に暮らしたいと思っている。それが、マジョリティなのではないのか。そういう人たちに向かって、質素な生活をしましょうという倫理を説くことにどれだけの意味があるのだろうか。

それに反応して、ある有名な大学の先生が発言した。たしかにきみの言いたいことも分かる。しかし、そう悲観的になっていても状況は変わらない。我々がいまここでできることがあるはずだ。あしたから少しずつでも、省エネの努力をしていくとか、ゴミをすてないとか、そういうことができるんじゃないだろうか。そういう積み重ねこそが大事なのじゃなかろうか。

そう言われれば、私も何も言えない。引き下がるしかない。たしかにそうだなと、思ってしまった。会場も、その発言の方向へと流れていった。

その会合が終わったあと、私はバスを待っていた。隣に、さっきの発言をした先生が来て、我々は少しだけ雑談をした。彼は、ポケットからタバコを取り出して火をつけた。私は、「へー、この先生、エコロジストなのにタバコを吸うんだ」となにげなく思った。バスが来た。待っていた人たちは乗り場に歩いてゆく。我々も一歩を踏みだそうとした。そのときに、彼が行なった動作を、私は忘れることができない。彼は、火のついたタバコを足元に放り投げ、靴の底でもみ消してから、道端の排水溝の穴の中に、足で押し込んで捨てたのだ。その瞬間、私は凍りついたように動けなかった。私はただ、彼の全動作を食い入るように見つめ、そして、そのタバコが捨てられた雨水用の穴ぼこを、じっと見据えているしかなかった。彼は、ついさっきの会合で、何を言ったのか。あしたから少しずつでもゴミを捨てないとか、そういう積み重ねをしていくことが大事だと言ったのではなかったか。そう言って、会場のみんなを深く納得させたのではなかったか。その彼が、どうして、いま、私の目の前で、タバコの吸い殻を排水溝の中に、あんなに自然な動作で捨ててしまうのか。この人は、いったい、何なんだ。私が見てしまったのは、何だったんだ。

要するに、この人は、自分がしたことの意味がまったく見えていないのだ。そうとしか思えない。省エネや、ゴミを捨てないように、あしたから少しずつ積み重ねていこうという彼の主張と、彼が実際に行なっているタバコのポイ捨てとのあいだの、大きな大きな矛盾というものが、この人にはまったく見えていないのだ。ひょっとしたら、この人は、自分がタバコを吸ったあとに、それを道端にいつもポイ捨てしているという意識さえ、まったくないのかもしれない。自分の身体が行なっていることが、自分にまったく見えていないのかもしれない。この人は、タバコを無意識のうちにポイ捨てしながら、頭では環境問題を解決するためのアクションプランなんかを夢中で考えていたのかもしれない。

これは私の推測だが、この人はいままでずっと「環境を守ろう」と人前で言い続けてきたわけだから、それに反することをしてしまう自分がいては都合悪かったのだろう。そのときに、外でタバコを吸わないとか、外で吸うときには灰皿を持ち歩くなどというめんどうな選択肢を選ぶのではなく、外で吸うときにはそのことを意識上から排除するという選択肢のほうを選んでしまったのだろう。そうすることによって、この人は、自分がタバコをポイ捨てしているということを見なくても済むようになった。ポイ捨てする自分という存在は、この人の世界からは消滅してしまった。とっても楽になったわけだ。これで、環境問題の解決に向けて、全精力を傾けられる。

私は言いたい。無差別テロをして「彼らはポワされてよかったね」と言うような人たちと、この大学の先生と、どこが違うの？　この構造に限って言えば、同じなんじゃないの？

そして、私は思うのだが、この先生がはまっているのと同じような構造に、この私自身や、この本をいま読んでくれているあなたたちもまた、知らず知らずのうちにはまっているのではないのか。私は例外だ、とは言えないのではないのか。

5　フェミニズムが突きつけるもの

ここは大事な点だから、もう少し突っ込んで考えてみる。

たとえば、女性運動、フェミニズムというものがあって、この社会における男女の真の平等とか公正とか共生について考え、社会を変えていこうとしている。ことばのうえでは、女と男の平等に反対する人はほとんどいない。しかしながら、実際の社会に出てみると、男女の賃金差別やら、職場での不当なセクハラや、ひどい就職差別などがまかりとおっている。掛け声と実態のこの落差については、知らない人は誰ひとりとしていない。

フェミニストの女性たちは、この落差をなんとかして埋めようとがんばっている。差別を生み出している社会構造のおかしさを指摘したり、女はこうあるべきものという既成概念の不当さを訴えたり、実際の差別や性暴力を告発したりする。そして、それらの男女のあいだの落差が、単に就職差別とか、レイプと言った、極端で見えやすい事件にだけあるのではなくて、我々のふだんの生活や仕事の場で起きている、ちょっとした男性側のことばや態度や慣習のなかでつねに再生産されているのだということを、繰り返し訴えてきた。そういう日常の、細かな行ないのレベルから事態を変えていかないかぎり、社会の構造全体も変わらないのだと主張してきた。

彼女たちのこの考え方は、とても説得力があると私は思う。ふだんの日常生活のなかで、男たちが無意識に女たちに向かってしている細かな問題行動というものが、男の側からすれば、いちばん見えにくいのだ。ちょうど、前述の大学の先生が、自分のタバコのポイ捨ての意味が見えなかったように、女性が日々の日常生活で、男性や社会に対して何を不快に思い、何にいらだっているのか、それが男からはいちばん見えにくい。

たとえば、こういうことがある。

男女の真の平等が必要だと日頃から訴えている男性の先生がいる。彼は、自称、フェミニストの味方だ。社会の中での差別は撤廃していくべきだし、女性は男性と同じ権利をどのような場所でも保障されなければならない。セクハラなんてことがあったと聞くと、まるで我が事のように怒ったりする。そういう先生が、ゼミで女子学生と向かい合って、フェミニズムについて話をしているとしよう。

彼は言う。男と女は対等でなければならない。だから、女性の諸君も、自信を持って自分の意見を堂々と言ってほしい。いつまでも泣き寝入りしていてはいけないよ。女性たちが自己主張することによって、社会は少しずつ変わっていくのだから。このゼミでも、そういうふうに考えてほしいんだ。いままでは、男子学生は活発にしゃべっていたけれど、女子の諸君はあんまり発言がなかった。でも、きみたちにも、言いたいことはいっぱいあるはずだ。そうだよね。そしたら、どんどん自己主張していいんだよ。私は女性が自己主張することを不快に思ったりしないからね。男女が対等であるべきだというのが、私の持論だ。だから、どんどん発言してほしい。

で、ゼミがはじまる。先生のそういう誘導があったわけだから、女子学生たちも以前よりはたくさん発言するようになる。男子学生の発言と、女子学生の発言が交互に出てきて、それに先生がコメントをつけたり、あるいは批判したりする。しかし、そうやっているうちに、やっぱり、女子学生からの発言は目に見えて少なくなってくるのだ。先生は、それがどうしてなのか分からない。女子学生たちは、発言に慣れていないのかな。ひょっとしたら、あんまりものを考えていないのかな。そんなふうに感じたりする。先生は、ゼミが終わったあとで、ひとり帰路につきながら、やっぱり最近の女子学生は……などと思ったりするのだ。

先生が見えていなかったもの、それは、ゼミで「女子学生も対等に発言していいのだよ」と彼が言ったときの、あるいは女子学生から発言が出たときの、先生自身の表情や身振りなどの「身体言語」が何を語っていたかである。女子学生たちも、最初はつられてしゃべりはじめたのだが、自分が自己主張したときの先生の表情や応対にあらわれてくる、彼の無言の「不快感」というものを、どうしても全身で感じてしまったのだ。先生は、口ではどんどん女性も自己主張しなさいと言っているが、実際に自己主張してみると、それを聞いている先生の表情や身体動作は、あきらかに不快感をあらわにしている。本人は気づいていないかもしれないけれど、「不快だ」「うっとうしいな」というメッセージが、彼の全身から発せられている。女子学生たちは、発言をはじめたときに、いきなりそういう事態に直面したのである。だから、だんだんしんどくなって、途中からは発言するのをやめてしまった。口ではあんなこと言ったって、結局、あたしたちにはしゃべってほしくないいんじゃん。そういうふうに悟って、あきらめてしまう。

先生は、自分の発している身体言語が、自分の口で言う主義主張とは正反対のものとして女性たちに受け取られているということが、まったく見えていない。それが見えずに、女性の発言の少ない原因を、女性側の問題だとして切り捨てている。

自分の身体が実際に行なっていることの意味が見えていないという点では、これはさっきのタバコの先生と同じである。

こうした例は、見つけようと思えば、我々の身近にいくらでも見つかるはずである。女性の場合でも、まれに、自分がフェミニズムをやっているという自意識のおかげで大事なことが見えなくなることがある。それはたとえば、自分の個人的なパーソナリティが巻き起こしている不幸な事態を、男性支配の構造に責任転嫁する場合などに現われる。フェミニズムでさえ、事実を見なくて済む装置としてはたらく場合がある。だからこれは、男女を問わず、ここに生きているあなたや私ひとりひとりの問題なのだ。

6　オウム事件の本当の意味

フェミニズムは、いままでの人類の歴史が、男性による女性の様々なレベルにおける支配の歴史であったことを教えてくれる。もちろん、女性もまたその支配に裏側から加担したとも言えるわけで、その意味では共犯関係なのだが、しかし女性がそれに加担したのも、それによってしかある水準での生き残りが不可能だったからである。

豊かになった現代社会のなかで、女性たちが、そういう男性支配の社会構造を変えたいと言いはじめた。近代社会は、理念としては性による不平等を否定しているのだから、女性たちからのそういう声を無視できるわけはない。男性たちもまた、男女の平等や公正を理念のうえではサポートしなくてはならなくなる。日本の社会のなかで女性が置かれている不当な待遇については、誰でも知っているので、その改革を叫ぶフェミニズムに理解を示すことこそが、リベラルな知識人であるという雰囲気も生まれてくる。フェミニズムの言説がメディアにたくさん流れるようになると、フェミニズムを研究の射程に入れてくる男性学者もまた増えてくる。

フェミニズムというものに最初に接した男性は、フェミニズムの主張を次のように理解するだろう。すなわち、「いままでは男性が女性を支配することによって社会が運営されていた。しかし、これからは、男性と女性が真に対等で平等な関係を保てるような社会に、変わらなければならない。そういう社会を求めて行動しているのがフェミニズムである」。

たしかに、この「　」のなかの主張それ自体は、フェミニズムが言ってきたことである。それは、大枠では間違ってはいない。だから、男性が、フェミニズムの主張をそういったものとして理解するのは正当である。

しかし大事なのは、この「　」のなかの主張が、フェミニズムの主張のすべてではないということだ。この「　」のなかの言明では、フェミニズムの主張の半分しか表現されていない。なぜなら、フェミニズムの主張というのは、「　」のなかの言明という形では、言いたいことが半分しか伝わらないという、そういう種類の主張だからである。

では、この言明の裏に隠されている、フェミニズムの残りの半分の主張とはいったい何か。それは、「　」のなかのことを理解したそのあなた自身が、いまこの瞬間から、自分の身のまわりの女たちに対して、どのように関わっていくつもりなのかということなのである。そしてこの点が、男性たちにもっとも伝わりにくいのだ。なぜかと言うと、それこそが、男性たちがもっとも〈直面したくない〉メッセージだからである。だから、男に伝わりにくいのだ。

それに直面したくない男性知識人や学者たちの一部は、むしろ積極的にフェミニズムという思想に理解を示し、それを学習し、それについて議論をしようとする。そうすることによって、フェミニズムからの問いかけが、あたかもさきほどの「　」のなかの命題だけにあるのだというふうにみんなで錯覚できるのではないかと期待する。それに直面したくない男性ほど、フェミニズムの〈命題内容〉には理解を示そうとする。ここに現われている逆説から目をそらしてはいけない。

もう一度言おう。自分自身のあしたからの実際の行動を変えたくない男性ほど、フェミニズムの〈議論〉を擁護し理解しようとする。

「フェミニズムの言うように、いままでは男性が女性を支配してきたが、これからは女性も男性も共生できるような社会を作り上げなければならない」と人前で堂々と言う男性のあなた、あなたはほんとうに自分自身の言っていることの意味が分かってますか？　フェミニズムが主張してきたのは、そういう〈命題〉を理解しろということだけではないんですよ。フェミニズムがいちばん言いたいのは、そういう〈命題〉を受け入れた、目の前のあなた自身が、いまこの瞬間から、身のまわりの女性たちとの関係をどうやって結びなおすのか、それを知りたいということなのですよ。フェミニズムの問いは、ほかならぬあなた自身に、突きつけられているのですよ。あなたは、そのことに、ほんとうに向き合うことができるのですか。あしたからの自分をほんとうに変えていく覚悟ができているのですか。まさに、その点を問うているのですよ、フェミニズムという運動は。

フェミニズムに理解を示すと言ってきた男性たちに対して、女性たちが一様に示す不信感やいらだちは、彼らがフェミニズムの〈命題〉は理解していたとしても、それを言う実際の彼らの行動や態度がまったく変わらないということを、繰り返し繰り返し経験してきたからなのだ。そんなことでは、フェミニズムを受け止めたことにはならないのだ。

もうお気づきのこととは思いますが、ここで言っている「あなた」というのは、この本をいま読んでいる男性のあなた、あなたご自身のことですよ。そして、これを書いている私自身のこと。フェミニズムを受け止めるということは、フェミニズムに「巻き込まれる」ということである。巻き込まれておろおろし、おろおろしている自分に気づくということである。「理解」しただけでは、フェミニズムを受け止めたことにはならない。ましてや、自分を変えたくはないがゆえに、フェミニズムに理解を示していくという態度は、最悪である。

まさにこの点を突きつけているという意味において、フェミニズムはすごいのである（いま私は、タバコを捨てる学者と、自称フェミニストの学者の例を出した。たぶん、これを読んだ女性読者のなかには、女性に対する男性たちの欺瞞的な態度というのは、こんな生やさしいものじゃないと感じる方々も多いだろう。それはたしかにその通りだと思う。このふたつの例は、私にとっては印象的であったが、とくに女性にとっては日常茶飯事かもしれない。ジェンダーのあいだのこのような落差にかんしては、私は次著であらためて正面から取り組む予定でいる）。

これは、フェミニズムやエコロジーだけではない。

まさにオウム事件もまた、これと同じものを我々に突きつけているのだと、私は考えている。オウムの信者たちの思想と行動を見て、高みの安全圏に立ってあれこれと評論している評論家たちに私は声を大にして言いたい。あなたたちは、オウム事件が突きつけているほんとうの問題が何かということが、分かっているのですか？　オウムがはたして宗教かとか、宗教と悪の関係なんてことが、その本質じゃないのですよ。オウムが突きつけているもっとも奥深い問題は、オウムに直面したあなた自身が、あしたからいったいどうやってこの社会のなかで生きていくつもりなのか、という問題なのですよ。

オウムが突きつけたのは、「オウムとは何であるか」という問題じゃないのです。オウムが突きつけたのは、「オウムを見てしまったあなたとは何者なのか、あなたはあしたからどういうふうに生きていくのか」という問題なのです。

信者たちのかなりの部分は、この汚濁した社会のなかで生きる意味を見つけられず、「絶対の真理」と「ほんとうの自分」と「生きる意味」を求めて、オウムに入った。そして、その答えを追求していった結果、一部の幹部は無差別テロをみずから行なってしまった。

だから、オウム事件が我々に突きつけている問題とはこういうものだ。

私たち幹部信者は、絶対の真理と、ほんとうの自分と、生きる意味を追求する生き方を選び取った。そして失敗した。その失敗の姿を、あなたたちの目の前にすべてさらしてしまった。だから今度は、こっちからあなたたちに問いかけたい。あなたたちは、この汚れきった社会のなかで、いったい何を求めて生きているのか。あなたたちは、何が真理だと思い、なにがほんとうの自分の姿だと思い、何に生きる意味を見出して、毎日を生きているのか。それを私たちに教えてほしい。高みに立って私たちのことを評論するのではなく、そういうことばを発しているあなた自身の真理観、人生観、そして生きざまを私たちに見せてほしい。もし、あなたたちがまだそういう問題を考えたことがないのなら、オウム事件を契機にして、あなたたちがこれから自分自身の人生と生死をどういうふうに考えていこうとしているのか、その道筋と方向性を少しでもいいからしゃべってほしい。私たちは失敗した。しかしいま、あなたたちに向かって、こうやって全身で問いかけを発している。もう一度言いたい。オウムについてあれこれ言っている人たちよ。あなたたち自身は、この現代という時代を、どう生きようとしているのか。あなたたちにとっての、生きる意味とはいったい何なのか。それを直視してほしいのだ。そして、そのことについて、声を発してほしいのだ。

これが、オウム事件が我々に突きつけている根本問題なのだと私は思う。そして、この本は、その問い掛けに対する私からの精一杯の応答なのである。

いま、オウム事件と、フェミニズムと、エコロジーを素材に取って考えた。私はこれに、いわゆる生命倫理を付け加えてもいいと思っている。脳死や臓器移植、あるいは中絶といった現代の難問の陰にも、いま述べたような〈見なくて済む〉構造と、いまその問題を考えているあなた自身のあしたからの行動が問われているということが見られるからである。臓器移植でも、臓器をもらう側の欲望というものが隠蔽されてゆく言説構造があるし（拙著『生命観を問いなおす』）、中絶や避妊などにかんしても、あしたからの性交をどうするのかというところにすぐに返ってくるはずの問題である。

だから私は、生命倫理、エコロジー、新々宗教、フェミニズムの少なくとも四つは、同時に考えていくべきだと思っている。私が「生命学」を構想するときに、この四つをいつも引き合いに出すのは、この理由による。

7　「謎」に向かって自分を開く

自分が見たくないものを見なくて済むようにする「目隠し構造」ができてしまうのはなぜだろうか。その根本には、見たくないものはやっぱり見たくないという、どうしようもない本性があるだろう。見たくないものを見続けているのは、とてもしんどい。見なくて済むのなら、楽である。楽なほうを選びたいという心理は誰にでもある。

もうひとつは、「いまここにある現実の自分」というものと、「理想としているあるべき自分」

のあいだの乖離が、とてもきつくなったときに、目隠し構造が立ち現われてくるということがある。私は理想の自分をめざしてがんばっているのだが、いくらがんばっても目標には到達しない。いまの現実との落差がとてもきつい。そんなときに、現実のほうを見なければいいじゃないかという潜在的な欲求が生まれてきても不思議ではない。

私たちは、たくさんの目隠し構造によって現に縛られている。自分では気づかないような目隠し構造によって、何重にも縛られているにちがいない。私自身、フェミニズムからの声を無視する目隠し構造によって、長年縛られ続けてきている。だから、ひとごとではない。

目隠し構造によって縛られているとき、人は、ほんとうの自分とは何かが見えなくなってゆく。タバコをポイ捨てするエコロジストは、ほんとうの自分がしていることを明らかに見失っている。だから、ほんとうの自分というものを追い求めたいのならば、我々は自分を縛っているかもしれない目隠し構造を、たえず目の前に浮き上がらせ、それと対決してゆく努力を続けなくてはならない。楽になりたいという自分をだましつつ、つねに目を見開こうという試みを、繰り返し繰り返し行なわなければならない。

「ほんとうの自分」とは、目を閉じて自分を真っ白にしていくことによって獲得されるのではない。「ほんとうの自分」とは、目を見開いて、見たくないものをどこまでも見てゆくプロセスのなかで、そのつど立ち現われてくるものなのである。

大事な点だから、もう一度言おう。

「ほんとうの自分」とは、頭上のどこかに、星のように輝いていて、長い修行の果てに私はそここにたどり着くという考え方があるが、それは間違っている。そうではなくて、いまここにいる私の、自分では見たくないような姿を、苦しみながら見据えていこうとするそのプロセスのただなかにおいて、「ほんとうの自分」は、そこで発見される自分とそれを見据えようとする自分の総体として、そのつど立ち現われてくるのである。

だが、自分がはまっている目隠し構造を、自分ひとりだけの力で発見し、取り除くのは至難の業である。自分にとっていちばん見えにくいのは、自分自身の姿である。他者の目から見たときに、それはいちばんよく見える。でも、赤の他人は、私のことなんかに注意して関わってはくれない。私に関わってくれて、私の姿を教えてくれるのは、私のことを大切に思ってくれている少数の他者のみである。あるいは、私のことがきらいで、なんとかつぶそうと思っている少数の他者である。そういう人たちこそが、私のはまっている目隠し構造を、私の眼前にあぶりだしてくれる。

だから、自分がはまっている目隠し構造に出会うのは、私が他者とはげしく深いやり取りを行なう、その道筋においてである。あるときは他者のほうから暴力的に私はそれを突きつけられ、またあるときは、私が他者へと介入してゆくその過程において私自身によって発見されるだろう。第二章で、外部からの異物の侵入があったときに、それをきっかけとして目覚めよと私は言ったが、それはまさにこの意味である。他者と異物的な交わりをするときに、私は自分自身を縛っているものと出会うのだ。

目隠し構造の特徴は、次の三つである。

まず、それは、私自身の、パーソナルで日常的な身体の動きと、ささいなものの考え方の筋道のなかに発見されるということである。そういう日常的で細かな身体とこころのはたらきかたのなかにこそ、私自身をもっとも奥深く縛っているものの痕跡があらわれるのである。だから、自分自身を縛っているものと出会うためには、もっともパーソナルな場面において、自分がどういう振舞いをして、どういうものの考え方をして、どういうことばを使っているのかを、ひとつひとつ慎重にあぶり出していくことが必要となる。自分の意識に反して、あるいは自分の意識とは無関係に、自分がどういう振舞いをして、どういうことをしゃべっているのか。それをひとつひとつ確認していくこと。

第二に、目隠し構造を発見するのは、とてもつらいことだということ。それを発見するのもつらいし、発見されたものを直視するのもつらいし、それを克服するのもまたつらい。こんなにつらいのなら、いっそ元に戻ったほうがいいと思えるほどつらい。なにしろそれは、私がいちばん見たくないような自分の姿なのだから、それを暴かれてしまったら、つらいに決まっている。この点を理解しておかなければならない。誰にとっても、それに直面するのはつらいんだということ。ここを忘れると、また、元の木阿弥になってしまう。

それを発見していくのに、時間がかかるということも知っておくべきだ。そんなに簡単に発見できるわけはない。自分が隠そうと思っていることを、その隠蔽の勢いに逆らって見出していこうという試みなのだから、ぜったいに時間がかかる。ぼんやりとそのありかが分かってから、その姿を明確に認識できるまでに、気の遠くなるような時間がかかるかもしれない。それを発見して、自分で克服しようと決心できるまでには、さらに長い時間がかかるかもしれない。大事なのは、時間がかかるということを、自分に対して許すことだと思う。私はゆっくり発見し、ゆっくりと変わってゆく。それでいいのだ。早くなんとかしたい、早く悟りたい、そういう思いこそが、目隠し構造を生んでいくのだから。自分のペースを守るということ。それを許し合ってゆくということ。

第三は、目隠し構造を発見し、ほんとうの自分の姿を直視したあとで、私は自分自身を変容させていかねばならないということである。目隠し構造をはずしたときに見えてきた「見たくない自分の姿」というものに、この私がこれからどういう決着をつけていくのかを、自分で決めなければならない。やっぱり、見ないことにするというのも、たしかにひとつの決着のつけかたではある。しかし、見てしまった以上、もう同じところには戻れないのだと考えるならば、私に残された道はただひとつである。「見たくない自分」が意識下の世界に隠れてしまわないように、自分というものの構造を変容させることである。それは、「見たくない自分」を、なにかの努力によって別物に変えていくことかもしれないし、あるいは「見たくない自分」を見続け、それと対話することができるように自己像を変容させることかもしれない。いずれにせよ、自分を深い意味で変えていく必要がある。

そして自分をそのように変容させていくためには、他者との交わりがどうしても必要となるのである。自分が見たくないものを見たり、変わりたくない自分を変えていくことは、とてもしんどくて耐えがたいことである。そんな重圧を背負って、ひとりでつき進むのは至難の業だ。だから、そんな重荷に押しつぶされそうになったとき、それを一瞬でもいいからささえてくれる大切な少数他者がいてほしい。あるいは、同じような重荷を背負って、同じ道を歩もうとしている遠くの他者たちから、はげましと力づけの声がほしい。尾崎豊がめざしたような癒しのための共同体を作るのではない。そうではなくて、遠くからのはげましの声と、近くの愛情がほしい。そして私もまた、遠くで自分自身と戦っているそれらの匿名他者たちに向かって、力いっぱいの、全力投球のメッセージを送り続けていく。

だからいま必要なのは、そういう道を歩んでみようという「勇気」なのだ。

もう一度言おう。

この世界で生きてゆくとき、人は、自分ひとりでは担いきれないくらいの重荷を背負ってしまうことがある。自分ひとりの足で立とうとしても、その重さで自分が押しつぶされてしまいそうなときがある。そんなときに、人は、この私の重さを誰か一緒に背負ってはくれないか、誰か私のかわりに背負ってはくれないかと願う。

しかし、人のかかえている重荷を、他人が直接背負ってあげることは不可能である。その人の重荷は、最後の最後までその人自身にしか背負えない。その意味で、人間は、徹底的に分断されている。

ただ、重荷にあえぐあなたが、自分の重荷をなんとかしようとするその闘いを、私が脇から手助けしてあげることはできる。あなたの重荷を直接に担ってあげるのではなくて、それを担っているあなた自身を側面からささえることはできる。

そのようなささえかたを、私は探したいのだ。

もちろん、身近にいる親しい人の重荷をささえる場合と、遠くの未知の人々の重荷をささえる場合では、事態が異なってくる。その違いを認識しておくことは、とても重要である。

あなたの人生に責任を持つ仕方での「ささえあい」が可能なのは、私が不可避的に出会った少数他者の場合だけである。

それ以外の人たちの場合、私は彼らの重荷を、彼らの人生に責任を持つ仕方でささえてあげることはできないし、また、それをしてはならない。許容量を超えて他者を引き受けはじめたが最後、私はみじめに自滅するだけだ。

だが、私は、それらの人たちを冷たく無視しようと言っているのではない。そうではなく、私はそのかわりに、彼らを遠くからはげまし、力づける道筋を探したいのだ。私の発したことばや声が、私の知らないところで苦しんでいる人のところまで届いて、その人のかかえている重荷を軽くするための、ほんの少しのサポートができるような、そういうつながり方がきっとあるはずだ。ちょうど、私の知らない人の発したことばが、私のところにまで届いて、私を救ってくれるときのように（社会福祉の場面では、制度や社会システムの整備が必要となる。森岡編著『「ささえあい」の人間学』参照）。

いままで語ってきたことを振り返ってみよう。

科学によっては生きる意味は解明できない。しかし、信仰の道に入ることもまたできない。科学と宗教のあいだで揺れ動きながら、どちらに属することもできず、かといって、この現実社会に埋もれて、生きる意味を忘却して日々おもしろおかしく過ごすこともできない。そういう人たちが、自分の目と頭と身体とことばを使って自分自身の生の意味を追い求める、そういう人々同士のささえあいのネットワークが必要なのではないか。

自分の目と頭でとことんまで考えるということは、その究極の果てにおいて自分自身の「孤独」と立ち向かわなければならないことを意味する。「孤独」と立ち向かうのは、とてもしんどいことだ。誰か他人が出した答えに、ついすがってしまおうと考えるのも無理はない。しかし、その地点で、最後までふんばって、なんとか自分の目と頭で考えぬこう、求め続けようとする「勇気」があってほしい。

私たちはどうしようもない欲望や煩悩や悪をかかえている。生きる意味を求めようとする人々の行く手に立ちふさがるのは、自分の身体に染みついたそういうどうしようもない煩悩であり、それを直視することのできない弱さである。これは、誰だってそうだ。生まれつきの聖人君子でない限り、みんなこれには悩まされる。だから、ほんのちょっと「勇気」をもって、自分自身のどうしようもなさと、欲望と悪を見つめてほしい。そこを見ることができて、そういう自分の存在をまずはそのまま受け入れることができるようになりたい。そして、そこから出発したい。

自分がある世界にいて、これでよいと思っているときに、外部から異物が侵入してその世界を壊そうとすることがある。それは悪意をもった敵かもしれないし、愛情をもった同志なのかもしれない。外から自分の世界を壊しにくるものがあったとき、それと正面から対決し、その対決のプロセスのなかで、いままでの自分というもの、そして自分が作ってきた世界というものを、いったん外部の視点で相対化してみる。それも、自分の目と頭を使って、その作業を行なってみる。そういう「勇気」をもってほしい。その結果、侵入者は退散するかもしれないし、自分のほうが崩壊するかもしれない。でも、どちらになるにせよ、その作業を試みてほしい。それは、あなたのこころのなかにいる「父親」と対決し、それを殺す作業になるかもしれないが、それだっていいじゃないか。父親不在の家庭で育ったきみは、まだ「父親殺し」ができていないのじゃないか。その作業を通じて、自分というものを発見してほしい。

　カリスマが現われたときに、その人を中心として、その人に最終的な解答をすべてゆだねるという責任転嫁の癒しの共同体を作り上げるのは、いたって簡単だ。しかしそれは、みんなの思考を停止させ、そこから生じる良いことも悪いこともすべてひとりのカリスマのせいにすることになる。そして、そこに参加する人々を、何重にも目隠し構造で縛ってしまうことになる。たしかに、そういう共同体の内部にいて甘い蜜を吸い続けるのは気持ちいいことだ。でも、気持ちいいことが、ほんとうにきみの求めていたことなのか。人生、気持ちよければそれでいいのか。自分がいまひたっている「気持ちよさ」というものを見つめなおす「勇気」、気持ちよさがどうして発生しているのかを考えてみる「勇気」をもってほしい。

　自分を縛っている目隠し構造に気づいて、ああ自分は変わらなければならないとこころのどこかで思ったときに、自分のペースでそれを試みてみようと決心してみる「勇気」があったらどんなにすばらしいだろうか。気持ちよさや、既得権益があるときに、人はなかなか変わろうとしない。そんな錘につながれたような自己を、泣きながら、少しずつ変えてゆこうとする、そういう

「勇気」を持てたら、どんなにいいことだろうか。

そういう「勇気」を、私はひとりで保ち続けることはできない。私はいつもくじけそうになる。自分を変えようとしながらも、いつのまにか退却して、もとの状態に戻っていることがある。「勇気」をもつことがつらくて、しんどくて、もうやめにしたいと自暴自棄になることがある。いままでがんばってきた反動で、いちばんやってはならないことをわざとしてしまうことだってある。自分の弱さは、どこまでいっても無くならない。「勇気」を持続できない自分を、どうしても克服することができない。それが私だ。

だから、そういう私があぶなくなったときに、それでもぎりぎりの「勇気」を持ち続けることができるように、私はあなたからのはげましと力づけがほしいのだ。「勇気」をもつことをはげましあってゆける人々の節度ある距離のネットワークがあれば、私だってなんとか自分に立ち向かっていける。立ち向かうための「勇気」を、いつもよりほんの少しだけ長く持ち続けることができる。そして、私もまた他者に向かってはげましの声を発してゆくことができる。

私がこの本で言いたかったのは、そういうことなのだ。これは、あなたに対するメッセージでもあるし、これを書いている自分自身に向けたはげましのことばでもある。

最後に、言っておくべきことがある。

私はネットワークが必要だと言った。しかし、そのネットワーク自体が、ネットワークの外部に対して閉じてしまってはならない。自分の目と頭で、生きる意味を追求することをはげまし合うネットワークが、そういうふうには生きていない人々や共同体に対して閉じてしまってはいけない。同じ目標を共有する人々が、単にナルシスティックに傷を舐め合うのではなく、そこに属するひとりひとりが、ネットワークの外部にいる人々と、絶えずコミュニケーションをはかり、意味のある衝突を繰り返してゆくことがどうしても必要なのだ。

大事なことだから、もう一度繰り返したい。

自分の目と頭で考えようとする人々だけで閉じてはならない。自分たちとは違った生き方を選択した人々とも、可能な限り接触を保っていくべきだ。そして、彼らとのあいだに不可避的に生じてしまう「ディスコミュニケーション」（お互いに全然分かりあえない状態）それ自体を、絶えず試み続けていくこと。大事なのは「ディスコミュニケーション」から逃げないことだ。ディスコミュニケーションを通じて、自己と他者のほんとうの姿を発見していこうと試み続けることなのだ。

もちろん、コミュニケーションを成立させるのは、相手を理解したいという想いである。理解と愛への想いに裏づけられて、我々はコミュニケーションの海へと船出しようとする。その結果、理解不可能だったものが、対話と衝突をへて理解可能となる。それはすばらしい達成である。

しかし、そのあとで、私はさらに新たなディスコミュニケーションに向かってみずからを開いてゆかなければならない。そうやって、つねにみずからを「無理解」と「謎」に向けて開き続けること。

私が「ほんとうの自分」を探し続けるために必要なのは、「謎」であって「理解」ではない。ディスコミュニケーションを生きるということ。それはみずからを「謎」に向かって開くということであり、「謎」から届く「魂の声」を受け取ろうともがき苦しむことである。言い方を変えれば、それこそが「エロス」ということの意味なのだと思う。オウムに欠けていたのは、この意味でのエロスである。

外部からの異物に出会って、あるいは目隠し構造に気がついて、自分を変容させることが必要だと私は言った。しかし、そういう根本的なところで自分を変えるということは、自分のもっとも自分らしいところを失ってしまうことにならないのか。それは、自己同一性を破壊することにつながるのではないか。まったく別の私へとジャンプしてしまうのではないか。そういった疑問が湧いてくるかもしれない。

しかし、私はそうは思わない。

私が私であり続けるために、私は変わっていかねばならない。生きる意味を求め、ほんとうの自分を求めるこの私が、そういう私であり続けるために、私はいまの自分というものを変え続けていかねばならないのだ。だから、私にいま必要なのは、私が私であり続けるための勇気なのであり、そのために自分を変え続けていける勇気なのである。

自分を変えると言っても、自分のすべてを一気に変えるわけではない。

私のいちばん大切なものを守りながら、しかしなおかつ世界と他者に向かって自分自身を変えてゆくということこそが、私が私であり続けるということなのだ。

私は自分のいちばん大切なものを守りながら、自分のペースとリズムで変わり続けてゆく。私は孤独と対決しながら、生きる意味を求めてもがき苦しみながら、そしてほんとうの自分とは何かという問いをたえず発し続けながら、この短い人生を生き切ってゆく。

私が私であり続けるために、私はゆっくりと変わってゆく。

その変容のプロセスを、あるときは私の内部に入り込むほどの近さから、そしてあるときは遠くはなれた惑星の彼方から、ときにはげしく、ときに節度をもって力づけてくれる人たちが、私には必要なのだ。私が私であるために、私にはあなたが必要なのだ。けっしてお互いの重さを背負わない距離から魂のメッセージを発しあい、それぞれの孤独と勇気をささえあってゆく、そういうあなたがいてほしい。

そして、あなたが孤独の暗黒星雲に落ち込みそうになっているときに、私も遠くから一本の細い糸を投げ込んであげたい。そうすれば、あなたは、私も含めた何人かの人間たちから投げられた糸を束ねることによって、その絶望の淵から這い上がれるかもしれない。

方位の見えない星雲のなかで、ひとりひとりが自分自身に向かって登り続けていく、そういう道を私は模索したい。

私はあまりにも自分自身に向かって走り続けることを強調しすぎただろうか。

そうかもしれない。

しかし私は同時に、自分のペースで走ることをも訴えたはずだ。

自分のペースで走るとは、自分の限界を超えて走り続けて倒れてしまわないように、適度な休憩と退却をはさみながら、長い目で見て総体として前進することである。ここは、しっかりと押さえてほしい。自分の限界を超えて走り続ければ、いずれ道の途中で倒れてしまうか、あるいは「いまいる自分」と「あるべき自分」のギャップにさいなまれて、走りながら目隠し構造を身にまとってしまうことになる。

自分のペースで走ること。そして、「いま結果が出ていない」ということを過大視してそのことで他人を責めたり、自分を責めたりしないことだ。

人間なんて、そんなに簡単に変わったりしない。何回も、何回も、果てしなくトライしているうちに、ふっと変わったりする。変わるときが来れば、すうっと自然に変わっていく。それまで辛抱強く待ちたい。

変わる時期がまだ到来していないのに、いらいらしても仕方がない。早く変わりたい、早く変わりたいといらいらしていると、知らず知らずのあいだに「変わらない自分」というものを見なくて済むような目隠し構造にはまってしまう。

ここから先は、私も何も分からない。だから、このへんで、書くのをやめようと思う。ここから先は、私のこれからの生き方に直接につながってゆく。そして、本書をここまで読んでくれた、読者の方々ひとりひとりのこれからの生き方につながってゆく。

あとがき

この本はこれで終わるわけだが、きっと読者の頭の中には、数えきれないくらい多くの疑問が渦巻いているにちがいない。

たとえば、自分の目と頭で最後まで考えていこうと言うが、世の中にはそういう重荷に耐えることができず、誰かに答えを出してもらったり、誰かにすがることで解決したいと思っている人もたくさんいる。そういう人たちは、じゃあ、どうすればいいんだ。そういう人たちに向かっても、自分の目と頭で最後まで考えろと言うのか。

まず、この疑問に対しては、次のように答えたい。

そういう選択肢を選びたい人たちに対して、私は、自分の目と頭で考えることを強制したりはしない。そういう人たちがどうすればいいのかについて、私は何の答えも持っていない。私のこの本は、そのような人たちに対して、なんの積極的な指針をも示せない。それがこの本の限界である。そこで踏みとどまっておくべき限界である。そのかわり、第四章で述べたように、私は彼らと、コミュニケーションとディスコミュニケーションを試み続けてゆく。

そもそも私はこの本で、他人に何かを強制したり、規範を説いたりしただろうか。私はこの本で、私はこういうふうに生きたいという決意を語り、そしてこのメッセージに反応してくれるかもしれない人々を思い描いただけなのではないだろうか。

あるいはこういう疑問もあるだろう。

私はこの本で、「生きる意味」や「ほんとうの自分」を孤独に探そうとしている人々を、遠くからささえあうネットワークが必要だと語った。しかし、そのネットワークとは具体的に何なのか、はっきりしないではないか。このメッセージに賛同した人々が、じゃあ具体的にどうすればいいのかが書いてないじゃないか。そこはどうなっているんだ。

この問いに対する答えもまた、いまの私は持っていない。正直にそれを告白する。この方向性でいいんだという確信はあっても、そのために具体的に何をすればいいのか、私にも分かっていない。だから、私はむしろ、本書を最後まで読んでくれたあなたたちがどんなことを考えているのかを知りたいのだ。そういうネットワークの可能性として、どのようなものがあり得るのか、一緒に考えていきたいのだ。私は、あなたたちのことを直接には背負わない。ささえあいのための負担や重荷を多元的に分散する、何かのやり方はないのか。

そのネットワークは、けっしてカルチャーセンターを作ることでもなく、定期的な懇親会を開くことでもなく、ファンクラブを作ることでもなく、秘密結社を作ることでもなく、ましてや学会を作ることでもなく、講演会を開くことでもない。そもそも私の言うネットワークとは、「人がある場所に集まってくる」ことではないのだ。そうではなくて、ほんとうに必要なのは、お互いの魂のメッセージが、それを真に求める人たちのところへと、網の目のように伝わっていく、そういう人々のつながり方なのだ。

私のまったく知らない人の発したことばが、私のこころをささえてくれることがある。それは、遠くの地に住む無名の人のことばであったり、あるいは一世紀以上も前の人のことばであったりする。そんなつながり方を、いま同時発生的に編み上げることはできないのだろうか。そのようなことばの運動を、私は「生命学」と呼んでみたいのだ。

いま私は「現代生命学入門」という連載を、雑誌『仏教』に連載している。それを何回か書き直して、『生命学』シリーズとして出版していこうと思っていた。ところが、今回、『宗教なき時代を生きるために』を書いてみて、この本が、事実上、『生命学』シリーズの第一巻になってしまったように思う。だから、本書をもって、〈生命学・第一巻〉とすることにしたい。ここには、生命学の基本的な発想がぎっしりと詰まっている。第二巻以降は、さらにパワーアップするつもりだ。

一九九五年の初夏に、法藏館の中嶋さんから、オウム真理教をテーマに雑誌『仏教』の別冊を作るので四〇〇字詰で五枚のエッセイを書いてほしいと依頼された。その原稿は大きくふくれあがり、「宗教なき時代を生きるために」というタイトルで『別冊・仏教』八号（一九九六年一月）に掲載された。五枚のエッセイのはずが、いきなり一〇五枚の大原稿になったのだから、中嶋さんにはご迷惑をおかけした。本書の第一章は、それに加筆修正を加えたものである。とくに第7節は完全に書き改めた。

執筆期間中に、たくさんの貴重な体験をした。

なかでもいちばん貴重だったのは、自分のこころの奥底にあったトラウマ（傷）を意識上に引き上げてくるドラマを、実際にこの身で体験できたことである。

四月に村井氏が殺されてから、八月に本書を書こうと思い立つまで、私はオウム事件のことを忘却しようとつとめていた。なぜなら、その事件は、私が心の底に押し込めて、もう二度と思い出したくなかった私の二十代のさまざまな出来事を、このうえなくきびしく刺したからである。それを思い出したくない私の意識と、それを思い出させて決着をつけさせようとするもうひとつの意識が、そのあいだずっと、戦い続けていたのだ。

八月、病いにふせり、そして身体がふたたび回復に向かいはじめたとき、その戦いに決着がついた。身体の病いが癒えていくプロセスのなかで、私は自分が圧し殺していたこころの病いを、ありのままに許そうという気持ちになった。こころのベールがするすると上がり、これから書くべきことがすべて見通せた。

私がなぜオウム真理教について書かなければならないのか、その理由を自分自身のこころの奥底から引き上げてくるのに、四カ月もかかっている。この事実は、私にとって新鮮な驚きであった。そして、この作業をしたがゆえに、なぜ私が「生命学」を構築しなければならないのかについても、いま、私は、はっきりと自覚できる。本書は、私にとっての転機となるだろう。

一九九五年一二月　京都にて

森岡正博

二〇一九年のあとがき

1

初版の「あとがき」を書いてから二四年が経過した。オウム真理教の教祖と幹部信者たち一三人は死刑執行されて、もうこの世にはいない。本書の初版は地下鉄サリン事件の記憶がまだ新しい時期に刊行され、広く読まれた。しかし時が経過するにつれてオウム真理教事件に対する人々の関心は薄らいでいき、本書の姿はしだいに書店の棚から消えていった。

二〇一八年七月に死刑執行がなされたとき、人々はふたたび事件のことを思い出したようだった。テレビでは生放送が行なわれ、あの当時のニュースフィルムが何度も繰り返し流された。ある識者がテレビ番組で、「オウム真理教事件とはいったい何だったのかをわれわれは結局解明できなかった」という意味の発言をしたのを聞いて、私は「それは違う」と思った。裁判傍聴記録、元信者たちの手記、彼らへのインタビュー、それらをもとにした学問的な研究などが地道に積み重ねられてきている。そして、ある種の当事者研究と言ってもよい私のこの本があるではないかと思った。しかし本書はすでに入手困難な状況になっていたのだった。

その後、法藏館の編集者である戸城三千代さんと知り合う機会があり、平成の最後の年に本書を完全版として再刊していただけることとなった。再刊に当たっては、新しく「完全版へのまえがき」と「二〇一九年のあとがき」を書き下ろした。初版の本文には若干の表現の修正を行なったが、本筋の内容に変化は加えていない。この完全版の刊行によって、事件当時のことを知らない読者の方々にも、あらためて本書を手に取っていただけるようになった。きっと新たな発見があるはずである。オウム真理教事件とは何だったのか、この時代を生きなければならない私たちとは何者なのかという問いが、ふたたび生々しく立ち上がってくることだろう。

また、世界的な「テロリズム」の流れの中にオウム真理教を位置づけて考えることも可能である。神の名の下に無差別殺人をしている彼らの出発点にも、きっと「生きる意味」の探究があったに違いないからだ。今日、宗教テロリズムとひとくくりにされている彼らの行動を内側から理解するためのヒントとして、本書を読むこともできるのではないか。たとえば、ミシェル・ヴィヴィオルカは鵜飼哲との対談「テロリストを赦すことはできるか」で次のような発言をしている。すなわち、フランスでは「生きる意味を探しあぐね、イニシエーションの旅でシリアに向かう若者がいる。……人生の意味を見つけるために、ジハードに参加する。重要なのは、若者たちが主体性を見失い、新しく主体性を構築しようとする時、過剰な形で意味を見つけようとし、それがテロに結びつくということです」（『週刊読書人』二〇一六年三月四日、一頁）。ひょっとしたら、「生きる意味」を求めてオウム真理教に入った若者たちと同じ行動様式が、いま世界のあちこちで繰り返されているのかもしれない。オウム真理教事件はけっして日本に特殊な出来事だったのではなく、二〇世紀から二一世紀にかけての世界の大きなうねりのなかである種必然的に起きた出来事だった可能性もある。それは終末論的思想を持つカルト集団が世界中で活動してきたことを見ても分かる。

本書の初版刊行後に、村上春樹が二冊のインタビュー形式の本を出版して話題になった。『アンダーグラウンド』（講談社文庫、一九九七年）と『約束された場所で』（文春文庫、一九九八年）である。

まず前者の『アンダーグラウンド』は、村上らのチームが地下鉄サリン事件の被害者や家族たちに聞き取りを行なったもので、事件のかげに隠れがちな被害者の実像を浮かび上がらせることに成功した貴重な書物である。村上は、オウム真理教の世界が悪で加害者であり、こちら側の世界が正義で被害者であるという二分法に疑問を投げかける。実はこの両者は良く似たもの同士なのである。村上は言う、「それはある意味では、我々が直視することを避け、意識的に、あるいは無意識的に現実というフェイズから排除し続けている、自分自身の内なる影の部分（アンダーグラウンド）ではないか」と（七四四頁）。オウム真理教の世界と我々の社会のあいだに通底するものを見ようとするこの姿勢は、本書『宗教なき時代を生きるために』と響き合うものがある。

次に後者の『約束された場所で』は、オウム真理教の信者であった、あるいは信者である人々にインタビューしたものである。ひとりを除いて（高橋英利氏）、オウム真理教の非幹部信者たちであり、その点でユニークな資料となっている。村上は、理系のエリートたちがオウム真理教に入信したのは、彼らが専門知識を「もっと深く有意義な目的のために役立てたい」と思ったからだと指摘し、彼らは社会システムのなかで「彼ら自身の存在の意味までもが――無為に削りおろされていくことに対して、深い疑問を抱かないわけにはいかなかったのだ」と書いている（三二四頁）。

村上の分析には頷ける点が多いものの、やはり大きな限界があるようにも思う。村上の視線はどこまでも傍観者的であり、自分もひょっとしたらオウム真理教に入っていたかもしれないという切迫感がない。また、これら二書には事件を起こした幹部信者たちの内面の声がすくい取られておらず、そこが空洞のままとなっている。

オウム真理教の研究はその後着々と進み、ロバート・J・リフトン『終末と救済の幻想：オウム真理教とは何か』（岩波書店、二〇〇〇年）、島田裕巳『オウム：なぜ宗教はテロリズムを生んだのか』（トランスビュー、二〇〇一年）などの成果を生んだ。これらは事件の全体像を捉えるための必読書である。ただしそれらの研究書においても深められていないのが「生きる意味」の問題の内在的理解である。

2

そこで、「完全版のまえがき」でも紹介した幹部信者・広瀬健一の自筆原稿（二〇〇八年）をふたたびじっくりと見ていくことにしたい（この原稿は川島堅二氏のウェブサイトからダウンロードすることができる）。

広瀬は、高校生のとき、宇宙のすべてはいずれ無になってしまうと気づき、「むなしさ」の感情で世界を見るようになった。そして「生きる意味」に関心を持つようになった（三頁）。彼は哲学書や宗教書を読んでみたが、哲学はその根本の部分で哲学者個人の直観に頼っているように見え、宗教はその教義の「真偽をどのように確かめるか」が分からなかったので、ともに受け入れることはできなかった（七頁）。またエホバの証人による輸血拒否事件を知ってからは、「新宗教に対する不信」が決定的なものになった（一二三頁）。このように、広瀬は「生きる意味」を求めながらも、当初は宗教に拒否感を持っていたのである。

それが決定的に変化したのは、「神秘体験」を知ったときであった。

書店で麻原の書物を見つけて読んだ一ヶ月後、眠っていたときに彼の身体の中で「爆発音」が鳴り響いた。次いで、広瀬は次のような体験をした。

続いて、粘性のある暖かい液体のようなものが尾底骨から溶け出してきました。……そして、それはゆっくりと背骨に沿って体を上昇してきました。腰の位置までくると。体の前面の腹部にパッと広がりました。経験したことのない、この世のものとは思えない感覚でした。

……クンダリニーは上昇を続けました。

クンダリニーは胸まで上昇すると、胸いっぱいに広がりました。……クンダリニーが喉の下まで達すると、熱の上昇を感じなくなりました。代わりに、熱くない気体のようなものが上昇しました。これが頭頂まで達すると圧迫感が生じ、頭蓋がククっときしむ音がしました。

突然の出来事に、どうなることかと思いましたが、それをピークに一連の現象は収束しました。どうやら、無事に済んだようでした。

「オウムは真実だ」

オウムの宗教的世界観が、一挙にリアリティを帯びて感じられました。麻原をグル（修行を指導する師）として、解脱・悟りを目指すことが私の「生きる意味」であると確信しました。

（一四〜一五頁）

本書の第二章で私が経験したものとどこか似たような不思議な体験を広瀬はしている。広瀬は自分の「神秘体験」を麻原の書物が的確に描写していたことに気づき、麻原の言っていたことは真実であると確信する。広瀬は「神秘体験」をきっかけにしてオウムの教義体系を受け入れ、麻原に付き従うことを決意したのである。

「神秘体験」を経験することによって、広瀬は信仰の道へと入っていった。科学的で合理的な知性を持っていた広瀬が、新宗教への不信を持っていた広瀬が、どうしてたかだか一度の「神秘体験」でカルト宗教へと入信してしまったのかという疑問を感じる読者も多いであろう。

しかしながら、ヨーガ系の「神秘体験」が持つ衝撃力はきわめて大きいのだ。それは本書で紹介した私の体験を見ても分かるはずだ。現在の自然科学では説明できない現象を自分の身体の内側でありありと感じ、光まで見てしまう迫力はすさまじい。科学的で合理的な知性があるからこそ、この幻覚とは思えない強烈な経験はいったい何だろうと、目を離せなくなってしまうのだ。そしてそれを説明できるセオリーを探すのである。

科学的で合理的な知性を持っていたはずの私自身が、気功の閉じた共同体に入ったとき、そこで「目撃」する不思議な経験をやすやすと受け入れてしまったことは、本書第二章で書いた。この点については、広瀬も私も同じである。しかしながら広瀬は一直線に麻原への帰依に走った。私はその方向へと進みながらもあるところで足を止めざるを得なかった。この差はどこから来ているのか。あるいはこの差は単なる偶然の産物なのか。いまだに私はそれが分からない。オウム真理教を学者が論じるとき、この「神秘体験」の問題は軽んじられやすい。だがそれを軽視してはならない。「神秘体験」の問題は非常に重要かつ複雑であり、さらなる考察が必要である。

私は本書の第二章第六節で次のように書いている。「このような神秘体験を得るということと、修行したり宗教を信仰したり教祖の言うことをそのまま信じたりすることのあいだには、基本的には、なんの必然的関係もないのである」（一〇八頁）。「さらに大事なのは、言われるとおりに修行することで神秘体験を得たから、だから教祖の言葉は真理なのだという推論には、なんの必然性もないということだ」（一〇九頁）。もし読者のなかに、自分の経験した「神秘体験」をどう理解すればいいか悩んでいる人がいたら、いま引用した部分について、落ち着いて考えてみてほしい。

広瀬は、自分に染みついた「悪業（カルマ）」を麻原が代わりに背負って、自分を浄化してくれていると確信するようになっていく。麻原は広瀬の前に「救済者の神」（二一二頁）として現われるのである。麻原はさらに、この世で悪業を積んでいる人々を殺すことによって、彼らをより高い世界に転生させて救済させようと説きはじめる（ポワ）。その結果、村井からサリンを散布するよう命令されたときも、「その指示は、当時の私には、苦界に転生する人々の救済としか思えませんでした」と広瀬は述べるのである（三五頁）。このようにして、オウム真理教の理屈によれば、サリン散布による無差別殺人は、この世で悪業を積んだ人々をより高い世界へと転生させるための救済の事業だということになるのである。これが、「なぜオウム真理教はサリンによる無差別殺人を行なったのか」という問いに対する、オウム真理教側からの答えである。

広瀬は最後に次のように述べている。重要なので引用する。

現在、私はオウムの教義や麻原の神格を全否定しています。その正当性の根拠だった宗教的体験について、脳内神経伝達物質が活性過剰な状態で起こる幻覚的現象として理解しており、教義のいう意味はないと考えているからです。……

また、オウムの教義や麻原から心が離れた今、私は無信仰の状態にあります。しかし、宗教の価値は認めています。信仰によって人格を高められた方々が多数いらっしゃるからです。人間には超越的存在を感じる資質が備わっているのでしょう。それは、人類が誕生して以来、いかなることがあっても――権力から弾圧されても、科学が発達しても――、宗教が存続していることが証明しています。……そして、超越的存在自体も、私などが否定できることではありません。……

元々、この種の概念は、科学的な証明が可能なように定義づけすることができないからです。そのため、カルトの超越的世界観についても、それを科学によって排斥することは、極めて困難です。（五七～五八頁）

広瀬はまず、自分はオウム真理教を全否定しており、無信仰の状態にあると宣言する。しかしながら宗教の意義そのものを否定するわけではない。なぜなら宗教には人格を高める機能があるし、超越的存在を科学によって否定することはできないからだというのである。「神秘体験」については、脳内伝達物質による幻覚であるとし、オウム真理教の教義で言われるような特別な意味はないと広瀬は結論する。

こうやって広瀬は、オウム真理教を知る以前の高校生の時代の世界観に戻ったかのように見える。「生きる意味」を求めたいのだが、哲学によっても宗教によってもそれを得ることができないという状態に。もちろん自然科学がそれに答えを与えてくれるわけでもない。そしてこれは本書『宗教なき時代を生きるために』を私が書き始めたスタート地点の近傍でもある。私は広瀬が生きているうちに彼と話をしてみたかったと思う。無信仰で宗教なき状態に戻った広瀬と「生きる意味」について言葉を交わしてみたかった。

3

本書の初版刊行後によく聞かれたのは、なぜ「宗教なき時代を生きるために」というタイトルにしたのかということだ。世界を見渡してみれば、前世紀から今世紀にかけて、宗教の存在感は増すばかりである。宗教の対立で起きたかのように見える戦争やテロは世界のあちこちで頻発している。それなのに、なぜ「宗教なき時代」なのかというわけである。

この疑問に答えるために、まず世界の宗教人口の分布を見てみよう。二〇一二年のピュー・リサーチセンターの調査によると、世界の宗教で信者数がもっとも多いのはキリスト教で、全体の三二％を占める。第二位がイスラム教で、全体の二三％。そして第三位が何かというと、なんと「無宗教」で、全体の一六％である。これを見ると、宗教を持たない人々の人口は世界第三位にまで上昇しており、すでにヒンドゥー教や仏教を上回っていることが分かる。「無宗教」の人口の多い地域は、日本、中国、西欧、北欧などである。今後、長い目で見たときにどうなるかは分からないが、ひょっとしたら「無宗教」の人口はさらに増えていくかもしれない。いずれにせよ、現時点でかなり多くの人々が、彼らにとっての「宗教なき時代」を生きているのだ。

もうひとつは、私個人にとってのリアリティである。本書で述べたように、私は宗教を信仰することができなかったし、宗教に答えを求めることもできなかった。したがって、私は宗教なしに「生きる意味」を求めるしか方法がなかったのである。「宗教なき時代を生きるために」とは、このような状況に追い込まれた私自身と、私と同じような状況にいるであろう人々に向けて発せられた言葉だったのである。

実は、「宗教なき時代をどのように生きればいいのか」という問いは、一九世紀に哲学者のニーチェが直面した課題でもあった。ニーチェは「神の死」を宣言し、人間は神なしでどう生きればいいかを模索し続け、「永遠回帰」や「運命愛」などのアイデアを提唱したが、それらの発想を成熟させることなく精神を崩壊させてしまった。「宗教なき時代を生きるために」とは、ニーチェの切り開いた哲学の地平を、現代においてさらに展開していくプロジェクトでもある。

また私は本書で、「宗教なき時代」における「宗教性」の問題を正面から考えようとした。何か特定の宗教を信仰するという立場ではないところから、「宗教性」の問題に迫っていきたい、そういう思いが「宗教なき時代を生きるために」というタイトルを生み出したのである。たしかに誤解を招きやすい面はあったが、私の本意を汲み取っていただければ幸いである。

ただし、「宗教なき時代」の生き方を考えるときに、無宗教の人たちだけで固まって思索をしても前に進まないと私は思っている。「宗教なき時代」の生き方を考えるためには、これまで宗教が何千年にもわたって蓄積してきた人間観や宗教的次元の知恵について、宗教の内と外を分かつ壁を取り払って議論しなければならないからである。実際に、本書の初版の刊行を機会に、私はたくさんの宗教者の方々とやりとりをすることができた。本書に対する彼らからの視線は温かく、私は多くのことを学んだ。そして、宗教と非宗教のあいだの垣根はさほどはっきりしたものではなく、そのあいだには広いグレーゾーンがあることを知った。

たとえば私は本書において、「信仰を持つことのできる宗教者」と「信仰を持つことのできない私」という二分法で宗教を語ってきた。しかしこのような二分法こそが問いなおされるべきではないかという批判を受けた。というのも、はっきりとした「信仰」を持たない宗教的行為もたくさん存在するからである。昇る朝日を見たときに思わず手を合わせる気持ちや、神社で願い事をする行為は、はたして「信仰」と呼べるのだろうか。「信仰」と「信仰ではないもの」のあいだには、どちらとも言いにくいグレーゾーンが広がっているのではないか。日本語には「信心」という言葉があるが、それはこのグレーゾーンに位置づけられるものではないのか。そのような指摘を受けて、私は頷かざるを得なかったのである。

私は哲学的な面からも、この二分法を疑うようになった。
本書で私は、キリスト教を例にとって次のように書いている。

キリスト教を信仰するものは、「神がこの世界を創造したということ」を、自分のいのちを賭けて全身全霊で本気で疑うことができないのである。なぜかと言えば、「神がこの世界を創造したということ」が正しいのだということに決めて人生をやってみようと決心するときに、その人の「信仰」が始まるからだ。（第一章第七節五八頁）

そして私はこのような意味での「信仰」をすることができないと主張した。しかしながら、私はここでひとつの間違いを犯している。なぜなら、私にもまた「自分のいのちを賭けて全身全霊で本気で疑うことができない」ものごとがあるからである。たとえば私は、自分が大学で教えている学生たちはけっして良くできたロボットではなく、本物の人間であるということを信じている。論理的に考えれば、彼らが実は良くできたロボットである可能性はゼロではない。しかしながら私は、彼らが本物の人間ではないかもしれないと自分のいのちを賭けて全身全霊で本気で疑うことはない。同じことは、明日も太陽が昇るだろうとか、私が死んだ後もこの地上世界は存在し続けていくだろうとかの命題についても言える。論理的に考えればそれらを疑うことは可能だが、私は自分のいのちを賭けて全身全霊で本気で疑うことはない。すなわち、私もまたそれらのことを「信仰」していると言えるのである。

だとすれば、宗教を信じることのできない私もまた何かを「信仰」しているわけであり、「信仰」を持つことのできない私と「信仰」を持つことのできる宗教者という対立図式は、もろくも崩れ去ってしまうのである。これは本書では解決されていない哲学的問題である。

抽象化して言えばこういうことだ。人はあらゆる個別の命題を疑うことができる。しかしながら、人はこの世を実際に生きながらすべての命題を疑うことはできない。なぜなら、人はみずからの生を成り立たせているいくつかの基本的なことがらを当然の真理として受け入れなければ、この世界を実際に生きていくことができないからである。愛する家族はロボットではないとか、明日も日は昇るとか、私が死んでもこの地上世界は続くとか、そういうことを当然の真理として受け入れないかぎり、私は正気で生きていくことができないようになっているのだ。しかしそれらの疑い得ない基本的なことがらのセットの内容が客観的に決まっているわけではない。そのセットの内容は人により様々である。しかしながら、このセットを成り立たしめている構造それ自体は普遍的である。これは、デカルトの懐疑論からヴィトゲンシュタインの確実性の問題にまで至る哲学的大問題である。この「あとがき」ではこれ以上追究することはできないので、私の将来の書物でこの問題に徹底的に迫ることを約束しておきたい。

4

初版の「あとがき」で述べたように、本書は私の「生命学」シリーズの第一巻となった。生命学とは、対象を研究するときに、研究している自分自身をけっして棚に上げない知の方法のことである。研究対象に自分自身もまた巻き込まれていること、自分自身も何かの意味で当事者であることから目を背けず、その当事者性それ自体を研究の対象にしていくことである。そして自分が実際はどうであったのかを自分自身に向けて語ってみるという告白的方法が用いられる。そして読者に向かって、あなたはどうだったのかを自分自身に向かって問うてほしいと呼びかける。節度ある距離を保ったうえで行なわれるこのようなコミュニケーションを、新たな学の方法として提唱したのが生命学である。本書では、ぎこちないやり方ではあるものの、その方法を実際に試してみたのだった。

このように自分自身を研究対象に組み入れていく生命学の方法は、大学で研究するようなアカデミックな学問とはなり得ない。なぜなら、アカデミックな学問がモデルにしているのはサイエンスであり、研究する自分自身を研究対象からきれいに切り離すことを前提条件とするからである。したがって生命学は、当分のあいだはアカデミックな学問の外側で行なっていかなければならない。

私は『宗教なき時代を生きるために』(一九九六年)に引き続いて、現代文明を内在的に批判した『無痛文明論』を二〇〇三年に刊行し、男のセクシュアリティを分析した『感じない男』を二〇〇五年に刊行した。この三つの書物が私の生命学の三部作である。これらの書物において、生命学の具体的な方法がしだいに明確になってきた。本書を読んで生命学の方法論に関心を持った読者は、ぜひ残りの二冊も読んでみてほしい。私としては、実質的な内容を持った生命学の書物はこの三作で打ち止めとし、今後は生命学の方法論それ自体のメタ研究に移っていきたいと考えている。そこにおいて、これまでの試行によって明確になった生命学の長所と欠陥（それは本書にもはっきりとある）についても明らかにするつもりである。

また、生命学と並行して、私はアカデミックな生命の哲学の研究も進めてきた。これは研究の主体である私を一歩背景に退かせたうえで、そもそも生命とは何か、生きるとは何かを論理的に明らかにしようとするものである。この「生命の哲学」もまた三部作を構成する。第一作は『まんが　哲学入門』（二〇一三年）である。これはまんがの形式で生命の哲学の見取り図を概観したものである（まんがの原画も私が描いた）。第二作は『誕生肯定の哲学』（仮題、未刊）であり、「誕生肯定」というキーワードを中心に生命の哲学の体系を構築する予定である。第三作は『生命の哲学』（仮題、未刊）であり、生命の哲学の思想史と生命の論理学を総まとめする予定である。これら「生命の哲学」三部作と、「生命学」三部作が、車の両輪となって、新しい知の地平を切り開いていくという構想を私はいま頭の中に描いている。本書『宗教なき時代を生きるために』は、そこに至る道のりの最初の作品だったのである。

本書で私は何度も「生きる意味」について語った。現在、世界の分析哲学の分野において、「生きる意味の哲学」あるいは「人生の意味の哲学」（philosophical approaches to meaning in/of life）というジャンルが形成されはじめている。実存主義の波が去ってから「生きる意味」の問題はアカデミックな哲学の分野から消えかかっていたのだが、二一世紀に入ってふたたび復活を果たしたのだ。二〇一八年八月には第一回の「人生の意味の哲学」国際会議（International Conference on Philosophy and Meaning in Life）が北海道大学で開催された。二〇一九年一〇月には第二回の国際会議が早稲田大学で開催される。不思議なことにこの分野では日本がひとつの研究拠点になろうとしている。私もこの潮流に積極的に関与しているのだが、私の中では「人生の意味の哲学」は「オウム事件と「生きる意味」」の問題から発したものである。この点においても、今回、本書が完全版として再刊されるのはたいへん感慨深いことである。

今回の決断をしてくださった法藏館に深く感謝したい。また、初版の編集担当であった中嶋廣さん、林美江さんにも深く感謝したい。

付記：オウム真理教事件については世界からの研究も大きく進展している。前述のリフトンの著作など英語で書かれたいくつかの重要な学術書があるが、それらに加えて、二〇一二年には南山大学が刊行する *Japanese Journal of Religious Studies* 39 (1) でオウム真理教事件特集が組まれた。近年の研究としては、同誌特集の編者のひとりである Erica Baffelli が元オウム女性信者たちの調査を行なっており、今後の成果が注目される。

二〇一九年一月七日

森岡正博

森岡正博（もりおか　まさひろ）
1958年，高知県生まれ。東京大学文学部卒。東京大学助手，国際日本文化研究センター助手，大阪府立大学教授を経て，現在，早稲田大学人間科学部教授。博士（人間科学）。早稲田大学では現代哲学，生命倫理学，研究倫理などを教えている。著書に『増補決定版　脳死の人』（法蔵館）『無痛文明論』（トランスビュー）『感じない男』（ちくま新書）『まんが　哲学入門』（講談社現代新書）などがある。

完全版　宗教なき時代を生きるために
——オウム事件と「生きる意味」

二〇一九年四月一五日　初版第一刷発行
二〇一九年六月二八日　初版第二刷発行

著　者　森岡正博
発行者　西村明高
発行所　株式会社　法藏館
京都市下京区正面通烏丸東入
郵便番号　六〇〇-八一五三
電話　〇七五-三四三-〇〇三〇（編集）
〇七五-三四三-五六五六（営業）

装幀　高麗隆彦
印刷・製本　中村印刷株式会社

ISBN 978-4-8318-5706-4 C1010